SCHOTTISCHE SCHAFE UND EIN BISSCHEN EWIGKEIT

ÜBER DIE AUTORIN

Tanja Angelina Bischofberger wurde 1978 in Bangladesch geboren und wuchs als Adoptivkind in der Schweiz auf. Sie ist verheiratet und lebt mit ihrem Mann in der Nähe von Bern. Als Solo-Selbständige arbeitet sie zurzeit in den Bereichen Websites, Datenschutz & Co. Sie ist nicht nur technikaffin, sondern hat auch eine starke intuitive Ader, ein Gespür für Menschen – und sie liebt die Stille.

TANJA ANGELINA BISCHOFBERGER

SCHOTTISCHE SCHAFE UND EIN BISSCHEN EWIGKEIT

(M)ein spiritueller Weg

Bibliografische Information der Deutschen Nationalbibliothek:
Die Deutsche Nationalbibliothek verzeichnet diese Publikation
in der Deutschen Nationalbibliografie; detaillierte bibliografische
Daten sind im Internet über http://dnb.dnb.de ab-rufbar.

Grafik: Dominique Bischofberger | ATELIER FALK

Lektorat: Nicole Leppin | Autoren-Coaching & Textentwicklung

Korrektorat: Christoph Blum

Satz, Herstellung und Verlag: BoD – Books on Demand,
Norderstedt

ISBN: 978-3-7562-6539-8

INHALT

TEIL III

»Dein Blick wird nur klar werden,
wenn du in dein Herz schaust.
Wer nach außen schaut, träumt.
Wer nach innen schaut, erwacht.«
Carl Gustav Jung

EINSTIMMUNG

Da du diese Zeilen liest, interessierst du dich sehr wahrscheinlich in irgendeiner Form für Spiritualität (oder für schottische Schafe, wobei diese erst im dritten Teil dieses Buches ihren großen Auftritt haben).

Vielleicht bezeichnest du dich nicht ausdrücklich als spirituell, sondern vielmehr als entdeckungsfreudig, dem Leben zugewandt und bist offen für Dinge, die sich nicht immer wissenschaftlich erklären lassen. Oder aber du suchst schon seit Jahren nach erhellenden Erkenntnissen und hast das Gefühl, in einem spirituellen Hamsterrad gefangen zu sein. Oder du hast ganz andere Gründe, warum du dieses Buch in den Händen hältst. Jedenfalls scheint jetzt der Moment zu sein, da sich unsere Wege auf einer unsichtbaren Ebene kreuzen. Irgendwie krass. Und wunderschön.

Heute bedeutet Spiritualität für mich, das eine schöpferische Sein in mir zu erkennen, aus dem alles entsteht und das in allem und jedem als ewige pulsierende Lebenskraft wirkt. Das ist weit mehr als lediglich der Glaube an eine höhere Macht, denn es gibt keine Trennung mehr zwischen einem Ich und der Göttlichkeit. Alles ist eins, alles ist jetzt.

So klar fassen konnte ich die Spiritualität allerdings lange Zeit nicht. Dazu musste ich erst meinen Weg und auch einige Umwege gehen. Sie sind elementarer Bestandteil meiner spirituellen Entwicklung. Ebenso wie die Blicke aus dem Fenster, christliche Gottesdienste, indische Gurus und schottisches Wetter.

Sich mit Spiritualität zu beschäftigen, fühlt sich tatsächlich oft wie eine Nebelwanderung in den schottischen Highlands an: ebenso geheimnisvoll und still, weder gänzlich zu durchschauen noch zu fassen und mitunter hart an der Grenze zur Orientierungslosigkeit. Man weiß nie, wann sich der Nebel lichten wird und plötzlich den Blick freigibt auf ein einsames Tal, die Weite des Meeres oder auf eine Herde zotteliger Hochlandrinder. So überraschend, wie diese grandiosen Ausblicke kommen, so schnell sind sie auch wieder verschwunden. Abermals umhüllt von Ungewissheit, wandert man weiter, lediglich einem schmalen Pfad folgend. Nichts lässt sich in dieser rauen und dem Wetter ausgesetzten Landschaft festhalten, alles verändert sich. Es gibt nur diesen steten Wechsel zwischen Sichtbarkeit und Verhüllung, zwischen Gewissheit und Unsicherheit.

Punkto Spiritualität erging es mir ähnlich. Seit meiner Kindheit war ich beständig auf der Suche nach dem Juwel einer schlichten (spirituellen) Wahrheit. Dabei habe ich einen langen und erkenntnisreichen Weg zurückgelegt: beginnend im christlichen Glauben über die Ausbildung als Medium und geistige Heilerin bis zu den östlichen Philosophien wie Kriya-Yoga und Advaita-Vedanta. All diese spirituellen Angebote tauchten wie aus dem Nebel auf, ich betrachtete sie fasziniert und richtete mein Leben darauf aus. Jedes Mal dachte ich, das »Richtige« gefunden zu haben und endlich am Ziel zu sein. Aber so wenig wie ich den Nebel in Schottland daran hindern konnte, eine wunderschöne Aussicht zu verbergen, so wenig konnte ich dauerhaft bei einem dieser Glaubenskonzepte bleiben. Nach einiger Zeit regten sich Zweifel, und ein untrügliches Gefühl meldete sich bei mir, dass hier etwas Wichtiges fehlte. Darüber konnten mich auch die gelehrten, teilweise recht komplizierten Erklärungen nicht hinwegtäuschen. Sie waren ohnehin nicht mit meiner Vorstellung von einer einfachen und bodenständigen Spiritualität kompatibel. Alle Konzepte, die ich kennengelernt hatte, legten nahe, sich furchtbar anstrengen zu müssen, um spirituell zu sein. In der ichlosen Mystik, wo sich die unendliche Fülle im kleinstmöglichen Punkt der Gegenwärtigkeit ausdrückt, zeigte sich mir schließlich eine andere Erfahrung. Ich musste bloß bereit sein, in mir das zu finden, was schon längst vorhanden war. Und das immer wieder aufs Neue. So bin ich, während ich hier schreibe, weiterhin unterwegs.

Woher komme ich? Wer bin ich? Wohin gehe ich? Wohl wissend, dass auch ich keine abschließenden Antworten präsentieren werde, fallen diese drei Fragen sehr passend mit prägenden Ereignissen in meinem Leben zusammen. Ich möchte dich mitnehmen auf meinen spirituellen Weg, der eng verbunden ist mit meiner Geschichte. Nach meinem Verständnis ist das kein Widerspruch, da sich Spiritualität grundsätzlich im menschlichen Leben ausdrückt, so auch in meinem. Willst du etwas über meine spirituelle Entwicklung erfahren, wirst du unweigerlich in meine Biografie eintauchen (keine Sorge, Ereignisse wie den Verlust des ersten Milchzahns lasse ich aus). Ich erzähle dir meine Geschichte, weil ich selbst erleben durfte, wie sehr mich die spirituellen Reisen anderer Menschen inspiriert und ermutigt haben. In gewisser Hinsicht möchte ich dieses Geschenk nun weitergeben, und ich hoffe, dass du beim Lesen ebenfalls Bestärkung und Anregungen finden wirst. Meine Erlebnisse beschreiben eine von zahlreichen Varianten, wie sich die pulsierende Lebenskraft ausdrücken kann. Sie wirkt in jedem Menschen, die einen nehmen sie bewusst wahr, die anderen weniger. Um sie zu spüren, gibt es keinen einzig richtigen, sondern nur deinen eigenen Weg.

Spirituelle Momente erleben wir alle viel häufiger, als wir glauben, manchmal so zart und dezent, dass wir sie für zufällige Erscheinungen halten. Kurze Augenblicke, in denen du dich völlig frei oder ganz verbunden fühlst, in dir, mit der Natur, in der Musik, mit anderen Menschen. Es lohnt sich, da genauer hineinzufühlen. Denn dahinter versteckt sich oft noch viel mehr. Bei mir war es so, als ob sich ein kleines inneres Fenster geöffnet hätte. Es fühlte sich an, als könnte ich einen Blick in die Ewigkeit werfen, die nicht irgendwo oder irgendwann, sondern bereits jetzt präsent und erlebbar ist, in jedem Menschen, auch in dir. Damit meine ich nicht, dass ich alles wüsste. Im Gegenteil. Nach Jahren der Auseinandersetzung mit spirituellen Lehren genieße ich es, mich in einer erfüllenden und befreienden Leere zu befinden. Das klingt etwas mysteriös, ich weiß, aber vielleicht macht es dich auch neugierig.

Ich lade dich ein, beim Lesen meiner spirituellen Erlebnisse darauf zu achten, ob sie bei dir eine Resonanz auslösen, eine Erinnerung wecken, in die du nochmals eintauchen kannst. Lass dich überraschen, was in dir anklingt. Eine Situation aus deiner Kindheit, eine Empfindung während deiner spirituellen Übung oder ein tiefgreifendes Erlebnis in der Natur. Begib dich auf Spurensuche in deinem Leben und öffne dich für deine eigenen Erfahrungen, bei denen sich Himmel und Erde berührt haben. Meine Schilderungen sind nicht mehr als der Klangkörper eines Instrumentes und transportieren lediglich die Schwingung, ohne die Melodie zu sein. Lauschst du stets in dich hinein, wirst du diese Schwingung aufnehmen und darin das Zeitlose und Kraftvolle erspüren. Mir ist wichtig, dass du in dir selbst die Antworten findest. Du brauchst nichts anderes zu tun, als deinen Blick nach innen zu richten.

Ich freue mich, wenn du meine Texte mit dem Herzen und ohne Erwartungen liest. Dann wirst du mich intuitiv verstehen, obwohl mir an der einen oder anderen Stelle die passenden Worte fehlen. Es gibt hier keine neue Methode zur Glückseligkeit, keine Schritt-für-Schritt-Anleitung für garantiert gelingende Manifestationen, keinen Zehn-Punkte-Plan zur Erleuchtung. Was es gibt, ist Raum für die Magie der schottischen Inselwelten, für eine Prise Humor und ja, auch für ein bisschen Ewigkeit.

TEIL I

WOHER KOMME ICH?

»Wer die Vergangenheit nicht kennt, kann die Gegenwart nicht verstehen und die Zukunft nicht gestalten.« Es gibt sicherlich viele Bereiche, auf die diese Aussage von August Bebel zutrifft, eine Vielzahl von Menschen bejahen sie zudem auch für sich persönlich: »Man muss doch schließlich seine Wurzeln kennen«, sagen sie.

Bei mir lösen Bebels Worte eine doppelte Reaktion aus: Protest und Belustigung. Zuerst stellen sich mir unwillkürlich ein paar Nackenhärchen auf. Ich merke, wie sich innerlich etwas gegen die Behauptung sträubt, man könne nur wissen, wer man sei, wenn es auf die Frage nach der Herkunft eine vollständige Antwort gebe. Nachdem sich die Nackenhaare wieder beruhigt haben, bringt mich das Herumreiten auf dem »Woher komme ich?« eher zum Schmunzeln, gerade weil mein eigenes Stammbaumwissen mehr als dürftig ist. Ich sehe mich daher als Verkörperung der Antithese zu Bebels Vergangenheitscredo. Vielleicht ist es das Kategorische darin, das mich veranlasst hat, einmal genauer hinzuschauen, um zu verstehen, ob es wirklich stimmt. Ist ein erfülltes, bewusstes und aktives Leben nur den Menschen vorbehalten, die ihre Herkunft kennen?

Und was ist mit Herkunft eigentlich gemeint? Auf welches Woher bezieht sich die Frage?

Ich erinnere mich an eine illustre Tischrunde im Kreise einer großen Familie, die im Vorhof eines jahrhundertealten Schlosses stattfand und bei der ich zu Gast war. Das wahrhaft imposante Bauwerk wäre noch im Besitz der versammelten Angehörigen, hätte seine letzte Bewohnerin und Eigentümerin es nicht dem Kanton geschenkt. Niemand erhob damals Einwände gegen diese Schenkung. Auch am Tag der Zusammenkunft zeigte sich keiner der Anwesenden darüber verstimmt. Trotzdem ging es in den Gesprächen um die zwar nicht ausgesprochene, aber sehr präsente Wunschvorstellung, das Schloss wäre im Eigentum der Familie verblieben. Ich lauschte den Dialogen und spürte die Freude der Menschen und ihren verständlichen Stolz, mit so einem weit zurückreichenden Stammbaum direkt und mit diesem Bauwerk immerhin indirekt oder zumindest beinahe verbunden zu sein. Zwischen den Zeilen hörte ich heraus, wie wichtig das Wissen um die eigene Abstammung und die Zugehörigkeit sei, ohne die kein echtes Gefühl von Identität entstehen könne.

Mich beeindruckte das alles sehr. Die mittelalterliche Kulisse des Schlosses und die Aura einer langen, wechselvollen Geschichte quer durch die Jahrhunderte, an deren jüngstem Zweig nun diese Tischrunde stattfand. Alle Anwesenden schienen im Geist der gemeinsamen

Vergangenheit miteinander verwoben zu sein, einander Bedeutung gebend durch ihr bloßes Vorhandensein.

Was ist jedoch, wenn dieses Band der Vergangenheit fehlt? All das, was ich hier bei der Tischrunde vernahm, das geballte Stammbaumwissen und die Wichtigkeit der Familiengeschichte, steht im starken Kontrast zur lückenhaften Information, die ich besitze. Ich weiß weder etwas über meine leiblichen Eltern noch, wo genau und unter welchen Umständen ich zur Welt kam, geschweige denn, wer meine Vorfahren waren. Selbst mein Geburtsdatum ist nur eine Annahme. Was ich weiß, ist, dass ich als Findelkind in einer Art Babyklappe in Dhaka, der Hauptstadt von Bangladesch, abgelegt und von Ordensschwestern aufgenommen wurde, bevor mich ein Flugzeug in die Schweiz zu meinen Adoptiveltern flog.

Die ersten acht Monate meines Lebens und die Geschichte meiner Herkunftsfamilie liegen in absoluter Dunkelheit. Wie präsent bleibt diese Lücke und welchen Einfluss übt sie aus? Kann auf dem Nichtwissen über die eigenen Wurzeln ein stabiles Leben aufgebaut werden? Rütteln nicht dauernd Zweifel, Ängste und mangelndes Urvertrauen an diesem fragilen Fundament?

ALS ICH VOM HIMMEL FIEL

Eigentlich hätte ich mir eine spannende und exklusive Geschichte über meine Herkunft zusammenreimen können. Zum Beispiel, eine bengalische Prinzessin zu sein, die zum Schutz vor Erbmördern ins Ausland geschafft wurde. Etwas nicht genau zu wissen, hat schließlich den Vorteil, dass alles möglich sein könnte. Aber obwohl mir als Kind eine rege Phantasie attestiert wurde, neigte ich nicht zu solchen Was-wäre-wenn-Träumereien.

Den vielen vorstellbaren Möglichkeiten zu meiner Geschichte stehen wenige Fakten gegenüber. Diese sprechen eine ziemlich klare und ernüchternde Sprache, weit weg von jeder Bollywood-Romantik oder den Erzählungen aus Tausendundeiner Nacht.

Wie die Adoptionsvermittlungsstelle mitteilte, fanden mich die Schwestern eines Ordens von Mutter Teresa vor der Tür ihres Waisenhauses. Ein Ort, an dem oft Babys abgelegt werden, falls die Eltern keinen anderen Ausweg wissen.

Ich brachte 4,5 Kilogramm auf die Waage und war 55,8 Zentimeter groß (also recht stattlich), machte allerdings einen vernachlässigten Eindruck. Ehrlich gesagt zweifle ich daran, ob mein Geburtsdatum wirklich stimmt oder ob es sich nicht eher um das Funddatum handelte. Aber das spielt keine Rolle. Als Säugling in dieser Situation gefunden zu werden, kommt einem Geburtstag gleich. Von den katholischen Ordensschwestern erhielt ich den Namen Angelina (kleiner Engel). Rückblickend empfinde ich das als einen speziellen Moment. Eine fremde Frau, die nichts von mir wusste, gab mir diesen Namen. Was hatte sie wohl dazu bewogen? Wenn ich mein erstes Bild anschaue, erkenne ich da jetzt nichts Engelhaftes. Vielleicht war alles viel pragmatischer, und das Los hat entschieden oder die alphabetische Reihenfolge. Trotzdem, ein Name hat etwas Prägendes, der bleibt ja ein Leben lang präsent. Mir scheint, dass mir damit bereits ein Versprechen mitgegeben wurde, meine Heimat in der Spiritualität zu finden und mich frei und überall zu Hause zu fühlen. Beflügelt und gleichzeitig verwurzelt und verwoben im Unsichtbaren.

Kurz darauf wurde ich in das Zentrum einer Vermittlungsstelle gebracht. Babys konnten von hier aus einfacher und zügiger ihren künftigen Familien zugeführt werden, also musste ich möglichst bald im passenden Register landen. Danach ging alles recht schnell. Denn auf der anderen Seite der Erdkugel warteten seit zwei Jahren meine späteren Eltern auf ein Adoptivkind. Es sollte unbedingt eines aus dem indischen Raum sein, und es scheint, als habe das Schicksal es tatsächlich so vorgesehen.

Als meine Adoptivmutter noch ein Schulkind gewesen

war, begegnete ihr während eines Ausflugs mit ihrer Klasse auf den Harder Kulm ob Interlaken ein indisches Ehepaar. Er im Anzug mit Krawatte, sie im traditionellen Sari. Die Klasse sang den beiden ein paar Schweizer Lieder vor, und es wurden Fotos geknipst, welche bis heute vorhanden sind. Diese Begegnung hinterließ einen sehr starken Eindruck bei meiner Mutter und beeinflusste noch nach vielen Jahren die Wahl der Herkunftsregion ihres Adoptivkindes. Lange bevor ich existierte, hatte eine geheimnisvolle Anziehungskraft in meiner Mutter so tiefe Wurzeln geschlagen, dass daraus später eine Verbindung im echten Leben entstanden ist. Zu mir.

Nun hielten meine Eltern ein Foto von mir in den Händen. Wie gesagt, ich war etwas pummelig mit einem traurig-ernsten Blick. Sie standen vor der Entscheidung, ob sie dieses Baby als ihr eigenes annehmen wollten. Das war schnell geschehen, zu groß war die Freude nach der langen Wartezeit. So befand ich mich ein paar Monate nach meiner Abgabe vor dem Waisenhaus auf dem Weg bzw. in der Luft in Richtung Schweiz. Nach einem Zwischenstopp im Krankenhaus von Nyon zwecks Quarantäne gelangte ich dann endlich in den Schoß meiner noch unbekannten Familie und erhielt einen neuen Namen: Tanja. Das »Engelchen« durfte bleiben, als zweiter Vorname. Darüber bin ich sehr froh. Angelina ist für mich und meinen Weg bis heute Programm geblieben, verbinde ich doch mit ihm das Gefühl, ein luftiges Wesen zu sein, das mit seinen Flügeln immer und überall die Freiheit suchen kann, im Innen wie im Außen. Als Tanja Angelina startete ich beflügelt in mein Leben in der Schweiz.

Funfact am Rande: Bei der Recherche zu diesem Text habe ich nach den beliebtesten bengalischen Vornamen gesucht: Tania befindet sich auf Platz sieben. Zufall oder ein Augenzwinkern des Universums?

Von dieser frühen Zeit weiß ich natürlich nichts mehr. Woran ich mich erinnern kann, ist eine wirklich glückliche, bunte und abenteuerliche Kindheit mit viel Musik, Natur und Tieren. Wir wohnten an einer Sackgasse am unteren Ende einer Landwirtschaftszone. Nachts war es absolut still, sodass ich dem Atmen der Kühe auf dem Feld lauschen konnte. Spielkameradinnen und Spielkameraden fand ich in der Nachbarschaft zur Genüge, und wir heckten ständig neue Geschichten aus, die wir nachspielten. Ich blieb ein Einzelkind, auf eigenen Wunsch sozusagen. Die Frage meiner Eltern nach einem Geschwisterchen lehnte ich sehr deutlich ab. So gerne ich mich tagsüber im Trubel mit anderen austobte, so wichtig waren mir auch die Momente des Rückzuges und des Alleinseins.

Die Tatsache, dass ich eine dunklere Hautfarbe habe, war in meiner Kinderzeit nie ein Thema. Das Offensichtliche wurde von den anderen Kindern nicht bewertet, was wohl nicht selbstverständlich ist.

Mit ungefähr vier Jahren fragte ich abends kurz vor dem Schlafengehen meine Mutter, ob ich denn auch einmal in ihrem Bauch gewesen sei. An diese Situation kann ich mich glasklar erinnern, vor allem an den vielsagenden Blick, den meine Eltern austauschten, ganz im Sinne von »jetzt ist es so weit«. Daraufhin hörte ich erstmals die Geschichte meiner Herkunft, die meine Eltern in verständlichen Häppchen zusammenfassten. Sie betonten, dass meine leibliche Mutter es gut mit mir meinte und mir ein besseres Leben ermöglichen wollte. Vermutlich war es schwierig, genügend Essen zu bekommen. Aber sie wollte unbedingt, dass ich groß und stark werde. Deshalb gab sie mich ab, damit jemand anderes für mich sorgte. Ich sah das erste Foto von mir und lauschte gespannt der Erzählung, dass ich von weit her mit dem Flugzeug geflogen war, zusammen mit weiteren Babys, die ebenfalls adoptiert worden waren. Nach dieser Geschichte war ich unheimlich stolz, eine so tapfere leibliche Mutter zu haben, die alles für ihr Kind getan hatte, auch wenn es die Trennung bedeutete. An diesem Abend schloss ich sie wohl zum ersten Mal in mein Nachtgebet ein, bedankte mich bei ihr und bat den lieben Gott um genügend Essen für sie und ihre Familie.

Am nächsten Tag erzählte ich diese meine Geschichte natürlich den anderen Kindern, und ich glaube mich zu erinnern, ein kleines bisschen damit geprahlt zu haben. Sie hörten alle schweigend zu. Das Echo war eher nüchtern: »Ach so war das. Schön. Können wir jetzt weiterspielen?« Was ich glücklicherweise niemals zu hören bekam, war ein Ausspruch wie: »Das ist ja schlimm, dann hat dich deine

Mutter weggegeben, weil sie dich nicht wollte, weil du ein zu hässliches Baby warst etc.« Es entstand also kein Drama, und mein Dasein blieb eine zwar nicht alltägliche, aber unaufgeregte Selbstverständlichkeit.

Die Geschichte meiner Herkunft rückte für mich nach dieser Klärung zunächst einmal in den Hintergrund. Ich wusste, dass meine Eltern alles über meine Adoption aufbewahrt hatten, in einem dicken Ordner voll mit Berichten und Formularen. Sie boten mir immer wieder an, diese Unterlagen anzuschauen. Doch erst mit achtzehn Jahren blätterte ich durch die Seiten, ohne mich wirklich zu vertiefen. Auch sicherten sie mir ihre Unterstützung zu, sollte ich mich in meiner ursprünglichen Heimat auf Spurensuche begeben wollen. Nie nahm ich bei ihnen ein »Besitzrecht« wahr, weil sie mich schließlich aus der Armut von Bangladesch und dem Waisenhaus gerettet hätten. Bis heute verspüre ich keinen Wunsch, mein Herkunftsland zu besuchen. Viele Menschen, denen ich begegnet bin, können das gar nicht richtig nachvollziehen, was dazu führte, dass ich mich mit der Zeit fragte, warum bei mir dieser Impuls fehlte.

Ob ich irgendetwas verdrängte? Ich gehe sehr wohl davon aus, dass sich durch die Abwesenheit von Bezugspersonen in den ersten Lebensmonaten, die Umstände in einem Waisenhaus und die klimatische Veränderung nach meiner Übersiedlung in die Schweiz ein paar seelische Eselsohren gebildet haben. Wie mir meine Eltern wiederum berichteten, saß ich als Kind oft frühmorgens um halb sechs (gerne auch am Wochenende) in meinem Bettchen und sang lauthals und voller Vorfreude auf den Tag: »Morgen früh, wenn die Sonne lacht ...« Das wäre mit einem vollkommen zerstörten Urvertrauen oder einer schweren Traumatisierung wohl kaum möglich gewesen. Erst später erlebte ich ab und zu Phasen, in denen ich mich von etwas Tieferem fremdbestimmt fühlte, mit dem ich mich auseinandersetzen musste, ohne dass mich das fundamental erschütterte.

Spielt es nun also eine Rolle, den eigenen Stammbaum zu kennen? Die einen werden dies bejahen – ich gehöre zu denjenigen, die es verneinen. Beides hat seine Berechtigung. An dieser Stelle kann ich nur für mich sprechen. Ich bin der Meinung, dass es eine Frage der eigenen Entscheidung ist, welche Sichtweise ich einnehme. Ich habe die Wahl, ob ich meinen ursprünglichen Stammbaum vermissen will oder mich als Steckling wahrnehme, einen zwar abgetrennten Ast, jedoch mit der Möglichkeit gesegnet, in einer neuen Erde Wurzeln zu schlagen und neugierig dem Licht entgegenzuwachsen.

Ich habe mich für die Stecklingvariante entschieden. Die Erklärung für meine positive Grundstimmung liegt vermutlich darin, dass ich mich innerlich immer komplett gefühlt habe und immer noch fühle. Ich vermisse nichts, weil nichts verloren gegangen ist. Auf eine geheimnisvolle Weise ist meine leibliche Mutter stets präsent. Ich brauche keine konkrete Vorstellung von ihr, ihrem Aussehen oder Wesen. Vielleicht erscheint mir ihre Nähe gerade deshalb so umfassend. Bangladesch ist fast 7500 Kilometer Luftlinie entfernt, trotzdem fühlt sich das nicht weit weg an, als wären Zeit und Raum nicht existent.

Werde ich heute auf meine Herkunft angesprochen, antworte ich mittlerweile gerne etwas salopp: »Ich bin halt vom Himmel gefallen ...« In meinem Herzen ergänze ich: »... und dank der Liebe und der vorausschauenden Fürsorge meiner leiblichen Mutter sanft gelandet.«

»An meine Mutter

Wie es dir wohl heute geht? Wo und wie lebst du? Unter welchen Umständen hat unsere Geschichte damals begonnen? War sie die Folge einer innigen Liebesbeziehung mit meinem Vater? Oder einer Vergewaltigung, einer Zwangs- oder Frühehe? In deinem Bauch bin ich herangewachsen, du hast mich genährt, doch ich weiß nicht, ob du selbst satt wurdest. Wie hast du dich gefühlt, mit mir in dir? Hast du dich gefreut oder inständig gehofft, ich möge bloß kein Mädchen sein? Und wie verlief die Geburt? Hast du sie überhaupt überlebt? Ich habe gelesen, dass Mädchen in Bangladesch einen schweren Stand haben. Die Tradition der Mitgift, welche die finanziellen Verhältnisse der meisten Familien übersteigt, führt nicht selten zu ihrer Aussetzung oder gar Tötung. Ich hatte das Glück, dass ich vor der Türe eines Waisenhauses abgelegt wurde. Ob du es warst, weiß ich natürlich nicht. Aber ich erspüre einen Gedanken dahinter, eine Absicht oder einen Wunsch, mit dieser Handlung mein Überleben zu sichern und mir ein besseres Leben zu ermöglichen. Du (oder wer auch immer) wolltest mich nicht loswerden, sondern mir die Chance geben, gefunden zu werden. Ich bin unendlich dankbar für diese Entscheidung. Sie zeugt von einer Stärke und Liebe der besonderen Art. Allein diese Liebe zu spüren, lässt mich für immer mit dir verbunden bleiben.«

DER MOSE-KOMPLEX

Die Art und Weise, wie ich meine Herkunft einordnete und integrierte, hing vermutlich auch mit meiner spirituellen Erziehung zusammen. Von klein auf vermittelten mir meine Eltern den christlichen Glauben. Nicht dogmatisch, sondern sehr offen und bodenständig. Ihr Vorleben zeigte mir mehr als jede Theorie, worauf es ankommt. Das Annehmen von Situationen, auch wenn sie unangenehm sind, die Dankbarkeit, die Freude und das Vertrauen in etwas, das größer ist als ich. Die Rituale, wie die Tisch- und Abendgebete oder das Lesen in der Bibel, gehörten ganz selbstverständlich zu meinem Alltag. Ebenso der Gottesdienstbesuch, abwechselnd in einer reformierten und dann wieder in einer katholischen Kirche. Doch in die heiligen Hallen durfte ich erst später. Zuerst besuchte ich die Sonntagsschule, schließlich sollte ich mich nicht langweilen (oder mit Rumzappeln andere Menschen ablenken). Zu meiner Zeit nahm ich häufig als einziges Kind teil, genoss die volle Aufmerksamkeit der betreuenden Person und lauschte gespannt, was diese mir aus der Bibel erzählte.

Eine Geschichte wiederholte sich verdächtig oft. Das war die von Mose, bis heute das Highlight in jeder

Kinderbibel wie auch im Religionsunterricht und überdies x-mal prominent verfilmt. Hier meine Version in Kurzfassung:

Das Volk der Hebräer befand sich in Gefangenschaft der Ägypter. Der Pharao befürchtete, seine Sklaven könnten zahlenmäßig überhandnehmen, und ließ alle männlichen Babys umbringen. Die Mutter von Mose wollte ihm dieses Schicksal ersparen. Sie legte ihn in ein Körbchen und ließ es an einer geeigneten Stelle in den Fluss gleiten, sodass sich das zum Glück wasserdichte Gefährt in Richtung der badenden ägyptischen Königin bewegte. Diese nahm das Kind zu sich, als wäre es ihr eigenes. So wuchs Mose in einer völlig anderen Kultur auf und konnte dadurch dem sicheren Tod entrinnen. Später flog die ganze Geschichte auf, und er musste fliehen. Er hätte ein friedliches Leben haben können, draußen in der Wüste bei einem Nomadenstamm, in den er einheiratete. Aber nein, ein brennender Dornbusch kündigte ihm eine beinahe unmögliche Mission an: Er solle die Hebräer, sein wahres Herkunftsvolk, aus der Sklaverei befreien, und zwar unter Vorsprache beim Pharao himself. Um eine Ausrede zu finden, erinnerte sich Mose plötzlich an seinen Sprachfehler oder zumindest seine Panik, vor fremden Menschen zu sprechen. Gott wäre nicht Gott, würde er nicht auch dafür eine Lösung finden, und spannte flugs den Bruder Aaron für die Spracharbeit ein. Zurück in Ägypten, versuchte man sich in zähen Verhandlungsrunden ohne Erfolg, denen neun krasse Naturereignisse mit göttlicher Einmischung (sprich Plagen) folgten, um die Ägypter in die Knie zu zwingen. Während der zehnten Katastrophe starb der einzige Sohn des Pharaos. Das war dann doch zu viel, und der Herrscher jagte die Hebräer in die Wüste, bis ihnen das Meer den Weg versperrte. Dank Mose wurde auch dieses Hindernis beseitigt, indem er mit Gottes Unterstützung das große Wasser teilte und so einen Fluchtweg eröffnete. Der böse Pharao und sein Heer bekamen anschließend mehr als nur nasse Füße.

Tatsächlich hat mich diese Geschichte als Kind in der Sonntagsschule in den Bann gezogen. Kein Wunder bei so viel Drama, einem Hauch von Mystery und jeder Menge Special Effects – Hollywood hätte es nicht besser erfinden können! Damit nicht genug. Nicht selten blickten mich die Erzählenden daraufhin mit verheißungsvoller Miene an und meinten: »Ist das nicht eine schöne Geschichte? Schau, du bist ja auch irgendwie ein kleiner Mose. Gott wird sicher ebenfalls etwas Wichtiges mit dir vorhaben.« Die Häufigkeit solcher Aussagen machte mich misstrauisch. Sollte da etwas dran sein?

Einerseits erfüllte es mich mit einem scheuen Stolz, dass eine ähnliche Geschichte wie die meine in diesem ehrwürdigen alten Buch stand. Andererseits befürchtete ich, alle ausgesetzten Babys müssten später eine unmögliche Mission erledigen. Das entsprach so gar nicht meinem eher bequemen Charakter. Abgesehen davon hätte ein brennender Dornbusch auch bei weitem nicht gereicht, um mich zu überzeugen. Mindestens eine Ufosichtung und zwei Begegnungen mit dem Ungeheuer von Loch Ness wären vonnöten gewesen.

Daher lehnte ich in der nächsten Zeit jegliche Vergleiche mit der Mose-Geschichte ab. Aber einmal von einer Sache überzeugt, können Christen ganz schön hartnäckig sein. So hörte ich immer mal wieder: »Warum sollte dich der liebe Gott von Bangladesch bis in die Schweiz bringen, wenn er nicht etwas Besonderes mit dir vorhat?« Und wie Mose hatte ich ein Talent darin, ihnen Gegenargumente und Ausreden aufzutischen, um auf meine Unfähigkeit (oder war es mehr die Faulheit?) zu plädieren. Historisch war ja alles bereits geregelt. Indien hatte seinen Gandhi, der das Land von der britischen Kolonialmacht befreit hatte, und auch Bangladesch war längst unabhängig. Uff, eine Volksrettung war somit vom Tisch.

Noch während ich oberflächlich mit dem Mose-Komplex haderte, spürte ich ganz tief in mir das Körnchen einer möglichen Wahrheit, welches mich immer wieder pikste. Da war etwas, das ich nicht leugnen konnte, das nach Aufmerksamkeit verlangte. Etwas Wichtiges, etwas Forderndes, das ans Licht strebte.

DAS ERSTE FENSTER IN DIE EWIGKEIT

Was ich seit jeher empfinde, ist ein absolutes Gefühl von Freiheit. Meine Geburt kann ich nirgends festmachen, als wäre ich einfach vom Himmel gefallen oder besser gesagt geschwebt, wie es sich für ein Engelchen gehört (außer es handelt sich um ein Exemplar aus der Barockzeit mit problematischem Body-Mass-Index und Flügeln, die im Verhältnis zum Körperbau flugtechnisch suboptimal gebaut sind). Jedenfalls fühle ich mich vielleicht auch durch den fehlenden Stammbaum dem unendlichen Himmel oft ein bisschen näher als dem irdischen Dasein. Allerdings lässt sich den Sternen nichts über mein Wesen entlocken. Wenn andere von ihrem vielversprechenden Geburtshoroskop reden, huscht ein Schmunzeln über mein Gesicht. Wegen der mangelhaften Informationslage habe ich keine Ahnung, welches Potenzial, welche Berufung, welche Störungen, Ängste oder Vorbelastungen mir die Sonne und die Planeten zum Zeitpunkt meiner Geburt attestiert hätten. Blöd, vielleicht wäre ich ein mathematisches Genie, doch weil ich das nicht weiß, wird nix draus ... Oder ich wäre schon längst auf die schiefe Bahn geraten und hätte bereits zwei Haftstrafen verbüßt. Cool, weil mir nichts davon bekannt ist, hat sich bisher keine dunkle Seite bemerkbar gemacht. Diese Form von Vorzeichen eines möglichen Schicksals funktionieren bei mir also nicht. Ob ich mich auch deswegen so frei fühle?

Das All hat mich hingegen sehr früh fasziniert. Wahrscheinlich kannte ich die Planeten unseres Sonnensystems vor den Wochentagen und die Apollo- und Spaceshuttle-Missionen vor dem Abc, jedenfalls kommt es mir heute so vor. Mein Vater erklärte mir den Sternenhimmel, und wir versanken regelmäßig in den farbenfrohen NASA-Bildbänden. Ich erinnere mich genau, dass ich damals beim Anblick von Galaxien, Sternen und Dunkelwolken nie das Gefühl hatte, es handle sich um etwas weit Entferntes und von mir Getrenntes. Mir war stets, als blickte ich in mich selbst hinein, als sei alles hier, ganz unmittelbar, im tiefsten Grund meiner Seele.

Als Kind zog ich mich oft und gerne zurück, um allein in meinem Zimmer gewisse Eindrücke zu verarbeiten. Das waren sehr kostbare Momente. Ich saß einfach da, ohne etwas Bestimmtes zu tun oder zu denken. Und manchmal geschah etwas Besonderes. Ohne zu wissen, wie ich das hätte benennen können, schaute ich in diesen Augenblicken wie durch ein inneres Fenster in eine unendliche Weite, vergleichbar mit dem All und dennoch so viel mehr. Und in dieser Weite fühlte ich mich geborgen und eingebunden, ja als ein Teil davon. Ich nahm weder Einsamkeit noch Kälte noch Angst wahr. Einzig eine alles umhüllende Liebe. Alles war nah, obwohl räumlich weit weg, nichts fehlte, obwohl die ersten acht Monate in meinem Leben einem schwarzen Loch glichen. Diese Präsenz brauchte keine greifbare Manifestation. Sooft ich durch das Fenster in die Ewigkeit blickte, fühlte ich mich formlos, schwebend und doch fest verankert. Es spielte schlichtweg keine Rolle, woher ich kam und wer ich war. Ich war einfach da.

Zugegeben, diese Erfahrungen der Luftigkeit erschwerten es mir, mich »nur« als Mensch zu akzeptieren. In den frühen Jahren war die Leichtigkeit für mich das Wahre und der Körper etwas Dichtes und Schweres, als würde viel Luft in etwas Enges hineingepresst wie bei einem Fahrradreifen. Zeitweise wohnten zwei Seelen in meiner Brust. Einerseits erschien mir das Menschsein als etwas total Überflüssiges, weil ich das Leben unabhängig von einer Form empfand. Andererseits war ein Körper ganz praktisch, um Dinge zu erledigen, Menschen und Tiere zu berühren, etwas zu gestalten, zu sprechen, zu lernen. Nicht zu vergessen die unsichtbare Instanz der Gefühle. Dieses stete Kommen und Gehen, ein überwältigendes Aufbäumen und Vereinnahmen, dann wie ein zartes Lüftchen versöhnlich über die Wangen streichend.

Diese Sicht auf »zwei Welten« faszinierte und verwirrte mich zugleich, denn ich bemerkte, dass nicht alle Menschen (das bezog sich damals vor allem auf meine engsten Spiel-kameradinnen) den Blick für diese innere Weite kannten.

In unserem Garten befand sich eine metallene Teppich-stange mit zwei »Etagen«. An der oberen waren Wäsche-leinen befestigt, und über die untere konnten die Teppiche gehängt und ausgeklopft werden. Für uns Kinder ein ideales Turngerät. Wir ließen uns zum Beispiel nach hinten fallen und hielten uns lediglich mit den Kniekehlen fest. Als ich mit meiner besten Freundin einmal wieder auf diese Weise kopfunter herumbaumelte, fragte ich sie, ob sie es nicht auch seltsam finde, dass wir Menschen seien. Sie meinte daraufhin: »Was soll seltsam sein, es ist doch alles normal.« Ein anderes Mal wollte ich wissen: »Könnte es nicht sein, dass wir das alles nur träumen und irgendwann aufwachen und merken, dass wir in Wahrheit etwas ganz anderes sind?« Als Antwort erhielt ich bloß ein Schweigen, jedenfalls erinnere ich das so. Diese philosophischen Aus-flüge waren unserer Freundschaft übrigens nicht abträg-lich. Im Gegenteil. Aber ich entschied, diesen Gedanken und Empfindungen künftig lieber im stillen Kämmerlein nachzuspüren. Oder in den Gesprächen mit meinem Vater. Er brachte mir früh bei, die Dinge philosophisch zu be-trachten und damit zurechtzukommen, wenn sich anstelle einer Antwort meistens die nächste Frage eröffnet.

Dieses erste Fenster in die Ewigkeit war damals weni-ger klar, als ich es hier rückblickend beschreibe. Das war vor allem ein wortloses Staunen und Wundern. Daraus entstand eine tiefsitzende Sehnsucht, in allem mehr zu sehen als das Offensichtliche. Ich erlebte ein Gefühl der Fülle, die bloß darauf wartete, weiter entdeckt und erkannt zu werden.

Meinen Eltern bin ich bis heute dankbar, dass sie (a) meine inneren und äußeren Entdeckungsreisen stets unterstützt und mir den nötigen Raum dafür gegeben haben und (b) ich meinen ursprünglichen ersten Namen Angelina als zweiten Vornamen behalten konnte. Er gab mir die Erlaubnis, meine Flügel zu nutzen und in die himmlischen Sphären zu reisen, wann immer mir danach zumute war. Doch wie Peter Pan in einem meiner früheren Lieblingsfilme, *Hook,* begann auch ich älter zu werden, verlernte das Fliegen, und die Blicke aus dem inneren Fenster wurden seltener. Spätestens mit dem Schuleintritt wurden sie durch neue Abenteuer ersetzt, die sich nun voll und ganz auf der Erde und nicht im weiten Universum abspielten.

TEIL II

WOHIN GEHE ICH?

Wir haben ein ganzes Leben lang Zeit, uns mit der eigenen Endlichkeit zu befassen. Die einen verdrängen dieses Thema, andere nehmen es sportlich im Sinne von vorbei ist vorbei, wieder andere brauchen die tröstliche Vorstellung, dass »nachher« irgendetwas weitergeht.

Schaue ich mich in der Natur um, scheint nichts jemals ganz zu Ende zu sein. Im Winter wirken Feld und Wald zwar wie tot, doch jeden Frühling erwacht das Leben. Der leblose Körper zerfällt und dient als Nährboden für etwas Neues. Selbst wenn im Universum ein Stern stirbt, bleibt entweder ein schwarzes Loch (eine verwirrende Bezeichnung; da ist ja nicht nichts, sondern eine sehr große Masse, aus der weder Licht noch Materie entweichen kann) oder ein Neutronenstern, aus dem vielleicht sogar ein Pulsar entsteht.

Da selbst die Materie nie endgültig verschwindet, sondern sich bloß verwandelt, warum sollte das nicht auch auf der Ebene des Bewusstseins geschehen? In fast allen Kulturen wurde oder wird jedenfalls davon ausgegangen, dass ein Teil von uns weiterlebt.

»Ad plures ire« sagte man beispielsweise im alten Rom

anstelle von sterben, was so viel bedeutet wie »zu den Vielen gehen« oder etwas freier übersetzt »dorthin gehen, wo die meisten sind«. Die Betonung liegt nicht auf dem Tod als Ende eines individuellen Lebens, vielmehr auf dem Hinüberwechseln und Ankommen in einer stetig wachsenden Gemeinschaft.

Aus der Zeit der Azteken stammt der heutige Brauch des »Día de Muertos«, des Tages der Toten. Allerdings geht es dabei bunt und heiter zu mit farbigen Kostümen, zuckerüberzogenen Totenschädel-Kuchen und geschmückten, überdimensionierten Skeletten. Nach altmexikanischem Glauben besuchen die Toten am Ende der Erntezeit die Lebenden, und gemeinsam wird mit Tanz, Musik und gutem Essen das Leben gefeiert. Die Verstorbenen gelten nach wie vor als Teil der Gesellschaft, werden verehrt und nicht in ein weit entferntes Jenseits verfrachtet.

Im Vergleich dazu scheint das römisch-katholische Fegefeuer als Ort der Läuterung weniger attraktiv zu sein. Immerhin geht's dank Martin Luther für die reformierten Gläubigen direkt ins Paradies. Aber ob es hier viel anderes zu tun gibt, als durch den Garten Eden zu wandeln und allenfalls ein bisschen zu gärtnern? Und was ist, wenn man wie ich gar keinen grünen Daumen hat?

So hilfreich diese Vorstellungen über ein Leben nach dem Tod sein mögen, bis jetzt ist niemand, wirklich niemand aus dem Jenseits zurückgekommen, um zu erzählen, wie es dort ist. Auch die viel beschriebenen Nahtoderfahrungen sind erst ein Teil der Wahrheit, da noch keine vollständige und dauerhafte Loslösung vom Körper stattgefunden hat.

In meinem Leben war der Tod sehr früh präsent, bedingt durch unsere familiäre Situation. Dabei spielten all die Jenseitsvorstellungen für mich jedoch eine untergeordnete Rolle. Vielmehr überwog die Neugier und eine Art Forscherdrang, hinter dem Geheimnis des Todes etwas Großes und Wichtiges entdecken zu wollen.

STERBEN, OHNE TOT ZU SEIN

In meiner Familie durfte ich eine glückliche Kindheit und Jugendzeit erleben. Neben meinen Eltern wohnte auch meine Großmutter mütterlicherseits bei uns, also drei Generationen unter einem Dach. Ich fühlte mich vollkommen geborgen und von viel Liebe umgeben.

Vermutlich empfand ich deshalb die fragile Gesundheit meines Vaters nicht als bedrückend, obwohl sie mich sehr wohl geprägt hat. Eine Krebserkrankung aus seiner Jugendzeit war bei ihm mit Ende zwanzig erneut ausgebrochen, und die damalige Bestrahlungsbehandlung zog weitere Spätfolgen nach sich, wie etwa die Reduktion des Lungenvolumens auf vierundzwanzig Prozent, die Notwendigkeit eines Herzschrittmachers und ein sehr schwaches Immunsystem. Wiederholt kam es zu akuten Phasen, die einen Aufenthalt im Krankenhaus und anschließend in der Reha erforderten. Trotz diesem Auf und Ab strahlten meine Eltern immer eine tiefe Dankbarkeit aus, denn ihr Zusammensein war alles andere als selbstverständlich. Kurz vor ihrer Heirat schätzten die Ärzte die Lebenserwartung meines Vaters auf sechs bis zwölf Monate. Daraus wurden schließlich dreiundzwanzig wunderbare Jahre.

Aufgrund seiner Erkrankung arbeitete mein Vater anfänglich in Teilzeit, später von zu Hause aus. Mit der aufkommenden Internettechnologie Anfang der neunziger Jahre katalogisierte er die Bücher der Universitätsbibliotheken Bern und Basel bequem von seinem heimischen Schreibtisch aus. Vielleicht glichen sich meine Interessen deshalb vermehrt denjenigen meines Vaters an, weil ich ihn öfter als andere Kinder zu Hause erlebte. Wir beobachteten gemeinsam den sternenübersäten Nachthimmel, spielten zusammen Schach, malten, lasen, schrieben und philosophierten über Gott und die Welt. Mein Vater war auch handwerklich begabt, und mit seiner Unterstützung wagte ich mich an Dinge heran, die ich allein nie hinbekommen hätte, wie zum Beispiel ein Morsegerät zu bauen oder physikalische Experimente zu starten. Wir teilten auch die Naturverbundenheit miteinander, Spuren lesen, Feuer machen, Vogelgesänge bestimmen oder Raupen beobachten, wie sie sich in Schmetterlinge verwandelten. Außerdem trieben wir liebend gerne Schabernack und deckten uns mit Scherzartikeln ein, um ahnungslose Verwandte und Bekannte zu erschrecken. Last, but not least waren wir eine sehr musikalische Familie. Mein Vater schrieb eigene Arrangements für unsere kleine Hausband. Er spielte Klavier oder Keyboard, meine Mutter Schwyzerörgeli (Schweizer Handorgel) und ich Flöte und später Violine.

Zu Weihnachten gingen wir regelrecht on tour mit unseren Darbietungen.

Mein Vater liebte das Autofahren, das war seine Freiheit, da für ihn längere Fußmärsche nur begrenzt zu bewältigen waren und im öffentlichen Verkehr die Ansteckungsgefahr zu groß war. Manchmal wollte er allein unterwegs sein, manchmal nahm er mich mit. Dann hörten wir in anständiger Lautstärke meine Mixkassetten der achtziger Jahre und verspeisten die leckeren Sandwiches, die uns meine Mutter eingepackt hatte. Kinobesuche hatten eher Seltenheitswert, und der Zeitpunkt musste sorgfältig geplant werden. Für den Film *Der grüne Heinrich* fuhren wir wie in einer geheimen Mission sozusagen bei Nacht und Nebel in ein Landkino. Der Saal war fast leer, die Sitzgelegenheiten unbequem und der Film nicht ganz jugendfrei. Mein Vater hatte mich selbstverständlich vorher mit einer Zusammenfassung des Romans aufgeklärt, daher war ich auch nicht schockiert. Die späte Heimfahrt besiegelte dieses Abenteuer.

Natürlich gab es auch schwierige Situationen, wenn ich als Kind nicht in die Nähe meines Vaters durfte, obwohl er im Haus war, aber das Bett hüten musste. Hinzu kam, dass ich auch bei einem leichten Schnupfen eine Maske tragen musste und ein striktes Kontaktverbot aufgebrummt bekam, das Risiko einer Lungenentzündung war zu groß, in seinem Fall wirklich lebensgefährlich. Und selbst daraus entstanden wunderbare Erinnerungen. Mein Vater sprach

Geschichten aus dem hauffschen *Märchen-Almanach* oder von den Brüdern Grimm auf eine Kassette (er erzählte wahnsinnig spannend). Ich saß auf der Türschwelle zu meinem Zimmer, auch seine Türe stand offen, und ich hörte seine Stimme ganz nah bei mir. Auf diese Weise genossen wir die Gemeinschaft vor den Kulissen eines Märchenwaldes und erlebten so die tollsten Abenteuer.

Von der eigentlichen Krankheit meines Vaters bekam ich in meinem Alltag nicht sehr viel mit. Sie war kein Thema, über das dauernd gesprochen oder mit dem gar gehadert wurde. Als berufstätige Krankenschwester konnte meine Mutter die Pflege meines Vaters bei uns daheim selbstständig übernehmen, soweit es notwendig war. Dies trug bestimmt auch zu einer gewissen Gelassenheit bei. Ich spürte jedenfalls keine Schwere und kein Drama in unserer Familie, fühlte mich auch nicht eingeschränkt. Woran ich mich hingegen gut erinnere, sind gewisse Geräusche und Lichter. Als starker Asthmatiker nutzte mein Vater oft ein elektrisches Inhalationsgerät, welches sich für mich eher beruhigend anhörte. Manchmal brauchte er reinen Sauerstoff, das damit verbundene Surren mochte ich überhaupt nicht. Häufig hörte ich den schnellen und dumpfen Klang, während meine Mutter ihm den Rücken abklopfte, sodass er den Schleim aus der Lunge abhusten konnte. Und zuweilen tanzte nachts ein blaues Licht an meiner Zimmerdecke. Dann wusste ich, dass der Krankenwagen draußen stand, dass etwas nicht in Ordnung war.

Ich schickte meinem Vater eine Armee von Schutzengeln mit auf den Weg und schlief wieder ein. Das tat ich nicht aus Gleichgültigkeit, sondern weil ich in ein umfassendes Vertrauen eingebunden war. Dieses Vertrauen schöpfte ich Tag für Tag aus der tiefen und respektvollen Verbundenheit und Liebe zwischen meinen Eltern, die auch auf mich überschwappte. Im Glauben an Gott war eine weitere, unsichtbare Präsenz in und um uns, die uns stützte. Ich guckte meinen Eltern früh ab, mit dem Herzen zu schauen und im Kern immer das Gute zu finden, selbst wenn der Verstand dies (noch) nicht nachvollziehen konnte.

In der dritten Klasse lieh ich mir mehrmals ein Kinderbuch über den Tod aus und schaute es gemeinsam mit meinem Vater an. Keiner von uns lenkte dabei das Gespräch auf seine Situation oder darauf, wie er sich mit dem Tod auseinandersetzte. Mein Vater begleitete lediglich meine Gedankengänge und Gefühle, fragte nach und brachte mich dazu, immer weiterzufragen und mich nicht mit einer einfachen Antwort zufriedenzugeben. Rückblickend würde ich meinen, dass wir auf einer anderen Ebene sehr wohl über seinen Tod gesprochen haben, aber auf eine Weise, die wir beide gut zulassen konnten.

Als ich älter wurde und an den ersten Beerdigungen im Verwandten- und Bekanntenkreis teilnahm, bemerkte ich erstmals, dass der Tod mich nicht erschütterte. Er bedeutete für mich einfach, dass jemand nicht mehr sichtbar anwesend war. Ich glaubte zwar, in einer anderen Form und auf einer anderen Ebene weiterzuexistieren, allerdings nicht weil ich in dieser Vorstellung Trost gesucht hätte. Ich spürte vielmehr die innere Gewissheit, dass es im Grunde um weit mehr ging als um die Frage, was nach dem Tod mit uns passiert. Gibt es beispielsweise auch ein Dasein vor der Geburt? Und, wenn ja, wäre dieses nicht vergleichbar mit jenem nach dem Tod? Das menschliche Leben auf der Erde wäre darin eingebunden, als eine sichtbare Form der Existenz. Ich suchte nach etwas, das in allem enthalten ist, das vor dem Anfang und dem Ende bereits vorhanden ist. Ich suchte nach etwas, das beim Sterben nicht stirbt.

Die Verbindung mit meiner leiblichen Mutter, obgleich ich sie nicht kannte, meine Blicke durch das Fenster in die Ewigkeit und die Ahnung, dass der Tod meines Vaters näher rückte, hatten an dieser Vorstellung von der Ewigkeit sicherlich einen wesentlichen Anteil. Dass mein Vater bald sterben könnte, ängstigte mich nicht und schränkte auch meine Lebensfreude nicht ein. Aber mir war klar: Meine Beschäftigung mit dem Tod duldete keinen Aufschub mehr. Zu Beginn der Oberstufe begann ich mich noch intensiver damit zu befassen und nach »Anhaltspunkten« für meine Ideen zu suchen.

Ich verbrachte nun viele Stunden in der Bibliothek und beleuchtete das Thema von unterschiedlichen Seiten. Dabei merkte ich schnell, dass das Wissen um den körperlichen Sterbeprozess für mich nicht relevant war. Die Bücher von Elisabeth Kübler-Ross und Raymond Moody hatte ich zwar gelesen, nur bestätigten sie nicht, was mir intuitiv richtig erschien. Von einem »Leben *nach* dem Tod« zu sprechen, war für mich bloß die Hälfte der Wahrheit. Die Ewigkeit konnte auf keinen Fall an einen linearen Ablauf gebunden sein. Das Ewige ist immer, daher schien mir die Vertröstung auf »nach dem Tod« zu klein gedacht und in sich widersprüchlich. Ich war auf mich allein gestellt und musste mich einmal mehr auf mein Gespür verlassen. Indes besaß ich als Angelina ja immer noch meine Flügel und zudem einen guten Draht zum Universum. Damit sollte es mir doch möglich sein, dieses »Genom des Ewigen« zu meinen Lebzeiten zu erkennen und zu erfahren. Sterben, ohne tot zu sein, das musste irgendwie gehen.

Den körperlichen Tod kann man nicht üben, das war mir klar. Nachdem ich schon als Kind ganz eigene Ideen gehabt hatte (zum Beispiel wir träumen das Leben), war ich überzeugt, allein mit der Vorstellungskraft oder dem Bewusstsein arbeiten zu können. Ich bestand ja nicht einzig aus einem Körper, sondern auch aus den Gedanken, die ich mir über mich selbst oder die sich andere über mich machten. Darüber wurde gewissermaßen eine zweite »Person« erschaffen (heute würde ich dies als Ich-Gefühl bezeichnen). Und mit dieser Person, die ausschließlich in meinem Kopf existierte, konnte ich üben, ohne Schaden zu nehmen.

Ich erfand ein Ritual, welches ich abends vor dem Einschlafen durchführte. Ich ließ den vergangenen Tag Revue passieren und stellte mir vor, dass ich alles zum letzten Mal gemacht hätte. Das ging vom Frühstück über die Schule, die Hausaufgaben, den Dienstagabend-Krimi bis zum abendlichen Zähneputzen. Dabei erfüllte mich immer eine große Dankbarkeit für teilweise sehr eigenartige und banale Dinge, wie zum Beispiel, meine Schuhe binden zu können oder eine (Achtung, Werbung) Lindor-Schokoladenkugel möglichst langsam im Mund zergehen zu lassen, wartend auf den kühlen, flüssigen Kern. Ich versuchte zu erforschen, was noch vorhanden ist, wenn ich nichts mehr tun oder schmecken kann. Es war mitunter recht anstrengend, die Dinge bewusst loszulassen, denn sobald ich das dachte, war das ja nicht mehr möglich. Und doch ging ich immer weiter, versuchte zu spüren, was bleibt, sobald das Erlebte, andere Menschen, Gefühle, Gedanken und schließlich mein Körper wegfielen. Manchmal entstand dabei eine Art Vakuum, ein kurzer Moment des Fallens in ein bodenloses Nichts mit einem gleichzeitig umhüllenden Gefühl von Verbundenheit und einem tiefen Frieden. Das waren keine echten mystischen Erlebnisse, dazu dominierte mein Wille viel zu sehr. Vermutlich war es eine Mischung aus geistiger Anstrengung, der daraus entstehenden Müdigkeit und dem Hinübergleiten in den Schlaf.

Dennoch führte mich diese Übung zu einer ersten Erkenntnis: Sterben ist nichts Endgültiges, wenn ich erlebe, dass ein Teil von mir unsterblich bleibt. Sterben muss im Grunde meine Vorstellung, ein endliches Wesen zu sein.

Das bin ich zwar auch, aber eben nicht nur. Ich kann wählen. So wie ich mich entschieden habe, die Betonung darauf zu setzen, als Baby gefunden worden zu sein, anstatt mich fortwährend damit zu beschäftigen, von meinen leiblichen Eltern verlassen worden zu sein. So kann ich auch hier entscheiden, mich dem unsterblichen Teil in mir zuzuwenden. Dieser hat nichts mit dem Glauben an ein Leben nach dem Tod zu tun. Er war und ist für mich eine spürbare Realität in mir.

Dieses spezifische Innenleben, welches nicht unbedingt dem Durchschnitt eines Teenagers entsprach, und das Außenleben mit Schule und Hobby, Familie und Freunden, die Pubertät mit hormonellen Umstellungen und körperlichen Veränderungen führten durchaus zu einem Kuddelmuddel. Phasenweise war ich für mein Umfeld, die Lehrpersonen und Leitenden in meinen Freizeitaktivitäten eine Herausforderung. Von meinen Eltern habe ich immer großes Verständnis erfahren, und der Ablösungsprozess verlief im Großen und Ganzen recht friedlich. Doch mittendrin öffnete sich das zweite Fenster in die Ewigkeit.

DAS ZWEITE FENSTER IN DIE EWIGKEIT

Spirituelle Erfahrungen gleichen nicht immer einem lauen Lüftchen und einem wohlig warmen Gefühl im Bauch. Sie können sich auch sehr widersprüchlich zeigen und in eine Zerreißprobe münden. Einen solchen Moment erlebte ich in meiner Teenagerzeit. Auf der einen Seite nahm ich alles um mich herum auf einer ganz anderen Ebene wahr, als wäre ich (oder die Welt) in einer anderen Dimension. Auf der anderen Seite spielte sich eine aus menschlicher Sicht damit unvereinbare Tragödie ab. Dass für mich daran eine fundamentale Erfahrung mit der Unendlichkeit hing, verunsicherte mich damals zutiefst.

Ich war fünfzehn Jahre alt und hatte mich, wie bereits erwähnt, intensiv mit dem Sterben befasst. Als wollte mich das Schicksal prüfen, ob meine theoretischen Erkenntnisse auch einer echten Grenzerfahrung standhielten, wurde ich Zeugin eines Unfalls, welcher für einen zehnjährigen Jungen mit dem Tod endete. Das Fenster zur Ewigkeit öffnete sich mir kurz davor, völlig unverhofft und in einer bisher nie erlebten Wucht. Ich schaute nicht mehr staunend wie ein Kind durch die »Scheiben« hindurch. Vielmehr hatte ich das Gefühl, die Fensterflügel würden aufgerissen, ich würde hinausgeschleudert und stünde plötzlich mittendrin in einer anderen Dimension, jede Zelle meines Körpers vibrierte. Für den Bruchteil einer Sekunde hörte die Zeit auf zu existieren, die Umgebung verblasste. Nur wir beide standen uns gegenüber, der Junge und ich. Wir schauten uns an, als wüssten wir, was gleich geschehen würde, und wären in diesem Wissen, das wir nicht hatten, völlig im Einklang mit dem gegenwärtigen Augenblick. Alles zog sich für mich auf diesen Moment zusammen; es existierte das, was gerade war, und das konnte in keiner Weise anders sein. Das Gefühl, von der Außenwelt getrennt zu sein, löste sich für mich auf, es gab kein Er und kein Ich mehr. Als wären wir beide jenseits unserer unterschiedlichen Körper eine einzige pulsierende Kraft. Die Form wurde formlos, Friede und vollkommene Liebe erfüllten die Szene, ein heller Glanz ließ alles rundherum erstrahlen und wie durchsichtig werden. Das war eine Begegnung, ja eine Berührung mit der Ewigkeit. Fast so, als wäre ich selbst ein Teil von ihr, verbunden mit allem. Die tiefe Gewissheit, dass nichts verloren geht, auch wenn es nicht mehr sichtbar ist, erfüllte mich. Ich empfand sie als absolut real, greifbar und erlebbar. Dann spürte ich einen starken Sog in der Magengegend, und ich befand mich wieder in der »Gegenwart«, in der vorherigen Umgebung und in meinem Körper, als wäre nichts geschehen.

Was nun folgte, geschah blitzschnell und unaufhaltsam. Der Junge, der eben noch mir gegenüber auf einer Plattform gestanden hatte, verlor das Gleichgewicht und stürzte lautlos in die Tiefe. Nach einer kurzen Schockstarre eilte ich zur Absturzstelle. Als ich unten den reglosen Körper sah, schwappte nochmals eine Welle der vorher empfundenen Klarheit und eines tiefen Friedens in mein Bewusstsein. Allerdings nur für einen winzigen Augenblick. Mit jeder weiteren Minute entstand ein Hin- und Herschwanken zwischen dem, was ich innerlich erlebt hatte, und der Tragödie, die sich vor meinen Augen abspielte.

Ein Rettungshubschrauber flog den Jungen ins Krankenhaus, wo er später verstarb.

Die folgenden Stunden, Tage, Wochen erlebte ich wie ein zähes Herumwandern im Nebel. Ein Teil von mir war tief betroffen, ein anderer wollte mit den Eltern und der Familie des Jungen mitfühlen, ein nächster hoffte darauf, eine Antwort auf die Frage nach dem Warum zu bekommen, ein weiterer nährte sich von diesem mir vermutlich nun lebenslänglich eingeprägten Blick in die Ewigkeit. Ich versuchte, mein inneres Chaos zu ordnen und den widersprüchlichen Gefühlen ihren Platz zu geben. Warum musste ausgerechnet diese unmittelbare Erfahrung der Unendlichkeit mit dem Tod eines Kindes zusammenfallen? Dieser Zwiespalt überforderte mich total. Es wurde indessen noch schlimmer. Als bei der Beerdigung des Jungen der Pfarrer meinte, dass der Tod eines Kindes niemals nach Gottes

Willen geschehe, fühlte ich mich komplett verunsichert. Der göttliche Glanz war für mich mittendrin in diesem Ereignis gewesen, und jetzt sollte Gott nichts damit zu tun haben? Andererseits, wenn eine kirchliche Autoritätsperson die Abwesenheit Gottes so klar für gegeben erklärte, musste das wohl so sein. Von diesem Moment an fühlte ich mich schuldig. Nicht im rechtlichen Sinne, niemand hätte den Sturz des Jungen verhindern können. Vielmehr verurteilte ich mein Empfinden der Ewigkeit, ja ich schämte mich fast dafür. Ich versuchte folglich mit aller Kraft, diese spirituelle Erfahrung zu verdrängen, passte sie anscheinend überhaupt nicht in das offizielle Gottesbild. Schließlich rettete ich mich in die verstandesmäßige Erklärung, dass ich mir wahrscheinlich alles bloß eingebildet hatte.

Erneut hatte ich das Gefühl, in zwei Welten zu leben, nur ohne die Leichtigkeit aus meiner Kindheit. Einerseits gab es die menschliche Ebene, auf der die Dinge in gut und schlecht eingeteilt werden. Hier müssen Ereignisse einen tieferen Sinn oder zumindest eine Erklärung, eine Antwort auf das Warum aufweisen, ansonsten kommen die Gedanken nicht zur Ruhe. Andererseits die spirituelle Ebene, die jenseits von Bewertungen alles durchdringt, in allem präsent ist, egal ob gut oder schlecht. Hier fühlte ich mich trotz allem zu Hause. Aber würde das irgendjemand begreifen?

Ich hoffte es sehr. Aus Angst, missverstanden zu werden, versuchte ich mich vor allem übers Schreiben mitzuteilen.

Es entstanden einige Kurzgeschichten, in denen ich mit Hilfe von Symbolen und Metaphern das ausdrückte, was mich wirklich beschäftigte. Über meine Texte suchte ich das Gespräch mit anderen und hoffte auf diese Weise, von außen eine Art »Absolution« zu erhalten, eine Bestätigung, dass meine Gefühle nicht falsch waren. Da ich nicht mit der Türe ins Haus fallen wollte, sprach ich ganz allgemein über das Sterben, manchmal auch explizit über Gedanken, die ich mir zu meinem eigenen Tod machte. Ich wollte herausfinden, ob ich meinem Gegenüber den eigentlichen Kern, mein gefühlsmäßiges Dilemma, überhaupt zumuten konnte. Dazu kam es erst gar nicht. Die Menschen, mit denen ich sprach, sorgten sich gleich und waren offenbar von meiner Art der Auseinandersetzung mit dem Tod überfordert. Wie sollte ich unter diesen Umständen meine Ewigkeitserfahrung zum Thema machen? Selbst in einer Psychotherapie gelang es mir nicht, mich gänzlich zu öffnen. Mit meinen Eltern wollte ich nicht reden. Sie hätten mich verstanden und meine Erfahrung wertfrei als solche stehen lassen. Aber ich befürchtete, damit ein nächstes Ereignis heraufzubeschwören. Denn ich ahnte, dass mein Vater bald für immer gehen würde.

So geschah es auch, obwohl ich meinen Eltern nichts von dem Blick in die Unendlichkeit gesagt hatte. Das Schicksal folgte seinen eigenen Plänen. Innerhalb von achtzehn Monaten nach dem Unfalltod des Jungen starb meine Großmutter und nicht ganz ein Jahr später mein

Vater. Unsere Hausgemeinschaft verringerte sich in kurzer Zeit von vier auf zwei Personen. Als ich die Nachricht vom Tod meines Vaters erhielt, fragte ich mich, was wohl jetzt geschehen würde. Wenngleich ich mich intensiv mit dem Tod auseinandergesetzt hatte, fast bis in die letzte Zelle meines Körpers und in den hintersten Winkel meines Geistes, erwartete ich eine fundamentale innere Erschütterung. Es geschah hingegen nichts. Natürlich trauerte ich um meinen Vater, der Schmerz über seinen Verlust legte sich wie eine schwere Decke über mich. Trotzdem spürte ich gerade während der Beerdigung auf dem winterlichen Friedhof diese Verbundenheit mit allem und erhaschte erneut einen Blick in die Ewigkeit. Es fühlte sich anders an als beim letzten Mal, ohne diese Wucht, viel friedvoller und wärmer. Die Gewissheit füllte mich gänzlich aus, dass der Tod nicht der reine Zerstörer des Lebens ist. Zweifellos geschieht durch ihn etwas Unwiderrufliches. Aber eben nur zu einem Teil. Lediglich das Sichtbare geht, das Unsichtbare bleibt und mit ihm die Verbindung zu dieser alles durchdringenden pulsierenden Lebenskraft und Liebe, die keiner äußeren Form bedarf. Fällt die Endlichkeit des Menschseins weg, bleibt das Ewige. Darin ist alles erhalten, nichts fehlt, nichts geht verloren. Für mich war das ein unglaublich wertvolles Geschenk, diese stille Präsenz des Ewigen als Realität in mir, ja in allem zu spüren. Allerdings würde es über zwanzig Jahre dauern, bis ich diese Empfindungen richtig einordnen konnte. So lange war ich in einer Art Spaltung gefangen, in mein Innenleben und in mein Verhalten, wie es von außen erwartet wurde.

Beim Traueressen fragte mich jemand mit ernster Miene, wie es mir gehe. Und ich antwortete ganz beseelt aus meinem inneren Frieden heraus: »Mir geht es gut!« Nun wurde der Blick noch etwas ernster: »Du meinst, es geht dir den Umständen entsprechend gut.« Ich erstarrte innerlich und wähnte mich kurz an der Beerdigung des Jungen. Abermals schien das, was ich fühlte, nicht mit der äußeren Situation zusammenzupassen. Dachte diese Person nun, ich trauerte nicht richtig? Und was heißt überhaupt »richtig«? Wann darf ich sagen, dass es mir gutgeht, ohne eine Irritation auszulösen? Wiegt die äußere Erwartung mehr als mein direktes Erleben? Auch wenn all diese Fragen in mir bohrten und drängten, war ich zu unsicher, um sie bereits im Außen vertreten zu können. Daher ließ ich meine Miene ebenfalls ernst werden und pflichtete meinem Gegenüber bei: »Ja, klar, den Umständen entsprechend.« Für die andere Person schien damit die Welt wieder in Ordnung zu sein, und sie ließ mich in Ruhe. Ich beschloss, von nun an zu meinem eigenen Schutz zurückhaltender zu sein, die Fähigkeit zu verfeinern, Erwartungen abzulesen und ihnen möglichst zu entsprechen. Das würde mir weitere solcher Begegnungen ersparen. Es blieb jedoch ein bitterer Beigeschmack, als hätte ich etwas Heiliges verraten, das (noch) nicht in diese Welt passte.

TEIL III

WER BIN ICH?

Es gibt sie, die spirituelle Überdosis. Jedenfalls brauchte ich eine geistige Verschnaufpause nach dem tödlichen Unfall des Jungen und dem Tod meines Vaters. Der kleine Engel legte sein Federkleid eng an den Körper und wandte sich ganz den irdischen Dingen zu. Wie und wer will ich in dieser Welt sein? Wer bin ich eigentlich? Ich als Mensch und nicht als das luftige Flügelwesen mit ausgeprägtem Innenleben. Es war höchste Zeit, darauf Antworten zu bekommen, denn ich befand mich mitten in meiner Berufslehre, wollte meinen Weg finden und meine eigene Persönlichkeit entwickeln.

Das war nicht so einfach. Durch die intensive Beschäftigung mit meinem Innern war ich im Außen sehr unsicher und schüchtern. Immerzu drehten sich meine Gedanken darum, mich möglichst korrekt zu verhalten.

Nach wie vor dachte ich, mein Innenleben unterscheide sich deutlich von dem der anderen Menschen. Also schien es die einfachste Strategie zu sein, mich anzupassen, in der Masse zu verschwinden und nicht aufzufallen. Da auch ich Bestätigung und Anerkennung benötigte, suchte ich nach einem brauchbaren Talent. Mein Geist war wach und durch die Auseinandersetzung und Verarbeitung der vergangenen Erlebnisse trainiert, Neues aufzunehmen. So las ich tonnenweise wissenschaftliche Bücher aus unterschiedlichen Fachrichtungen und saugte Wissen in mich auf. In zwei Genres fühlte ich mich besonders wohl: Astrophysik (hallo, Universum) und Quantenphysik (hier ist alles Unmögliche möglich), für Laien, versteht sich. So raste ich mit Stephen Hawking durch seine *Kurze Geschichte der Zeit,* verschlang die Vorlesungen von Richard Feynman und machte mich mit John Gribbin auf die *Suche nach Schrödingers Katze.* Was ich dort las, war zum Teil so kurios bis unmöglich, dass es mir schon fast wieder bekannt vorkam. Wie beruhigend, dass auch die materielle Welt ihre Geheimnisse in sich trägt, die es erst zu entschlüsseln gilt. Das Prädikat »wissenschaftlich« gab mir das Gefühl, mich endlich mit etwas Konkretem zu befassen und nicht mehr mit dem undefinierbaren »Spirituellen«.

Nebenher entdeckte ich mein Interesse an dem sich rasant entwickelnden Gebiet der elektronischen Datenverarbeitung, wie das früher hieß. Ich lernte autodidaktisch programmieren. Für mich war diese klare Logik eine Art Rettungsring, in dem ich mich von den Hochs und Tiefs meiner jüngsten spirituellen Erfahrungen erholen konnte. Hier ergab eins und eins immer zwei, ohne Ausnahme und Widerspruch. Ein krasser Gegensatz zu den schwer zu fassenden und kaum beschreibbaren Berührungen mit der Ewigkeit. Vielleicht war das Eintauchen in die Rationalität eine Flucht, befeuert von dem Wunsch nach Eindeutigkeit und Sicherheit. Ich schaute nun in eine ganz andere Richtung als in meinen ersten sechzehn Lebensjahren. Das war ein großer und wichtiger Schritt für mich.

Natürlich wollte ich die Spiritualität nie ganz loswerden, das wäre auch schwierig gewesen, da sie so eng mit mir und meinem Wesen verwoben ist. Aber sie ein bisschen zu ignorieren und zu verdrängen, fand ich durchaus angebracht. Doch davon ließ sich die Spiritualität nicht beeindrucken. Sie ist hartnäckig. Und schlau. Während ich in meinem neuen Betätigungsfeld und meiner beruflichen Entwicklung Fuß fassen wollte, lenkte sie meine Aufmerksamkeit wie zufällig auf Schottland, ein Land mit spirituellem Urgrund und sehr bodenständigen Zutaten wie Hügeln, Tälern, Seen (inklusive Ungeheuer), dem Meer, ein paar Steinkreisen und Schafen. Vielen Schafen. Schottischen Schafen.

Warum ausgerechnet Schottland? Ich weiß es bis heute nicht. Eines Morgens wachte ich auf, und es stand fest, ich musste dorthin. Das fühlte sich an wie ein tiefes Wissen, zu dem ich anscheinend Zugang hatte. So als hätte mir eine innere Stimme vollkommen eindeutig, sehr bestimmt, fast fordernd, dennoch sanft, wohlmeinend und liebevoll mitgeteilt, was ich tun sollte. Für mich war es unmöglich, diesem neuen inneren Ruf keine Beachtung zu schenken.

m Anfang haderte ich etwas. Damals lag eher Irland im Trend mit Riverdance, Enya oder *Die Asche meiner*

Mutter. Schottland war uncool, trotz Filmen wie *Braveheart* oder *Rob Roy* sowie den Wälzern der *Outlander*-Saga. Mein Murren änderte nichts an der intuitiven Ansage. Es blieb dabei. Und so stöberte ich in der Bibliothek nach Bildbänden und Reiseberichten (Google und Blogs waren noch Fremdwörter). Zudem hörte ich mich durch das eher spärliche Angebot an schottischer Musik. Schließlich fesselten mich die wehmütigen Dudelsackklänge in Folkrockmanier von Capercaillie, Runrig und Wolfstone. Dadurch entdeckte ich die Faszination der schottisch-gälischen Sprache und versuchte, mir in einem Selbstlern-Sprachkurs ein paar Brocken einzuprägen (nicht sehr klug, wie sich herausstellte, für mein Schulenglisch war allein der schottische Akzent Herausforderung genug). Den letzten überzeugenden Schubs bescherte mir die keltisch geprägte Spiritualität. Ich las viel über die Rituale an bestimmten Mond- und Sonnenfesten, die Druiden, die Verbundenheit mit Bäumen und Pflanzen, über geheimnisvolle Symbole und die keltische Anderswelt. Und unversehens war ich wieder ganz beim Thema.

Nach ausgiebiger Vorbereitung und der abgeschlossenen Berufslehre reichte das gesparte Geld, um mit zwanzig Jahren endlich die ersehnte erste Reise zu unternehmen. Die Ankunft in Schottland war wie ein Heimkommen. Hinter fast jeder Wegbiegung erahnte ich einen Kraftort, und das milde, windige Klima tat sein Übriges für mein absolutes Wohlbefinden. Stundenlang ließ ich den Blick im Wellenspiel des Atlantiks versinken oder mit den Schatten der Wolken entlang der grünen Hügelflanken ziehen. Durch die abwechslungsreiche Wetterlage und die oft sehr dramatischen Stimmungen schien mir der Himmel hier im Norden Europas näher zu sein – ein weiteres Heimatgefühl. In der Natur beeindruckten mich die Gegensätze von Regen und Sonne, Ebbe und Flut, üppiger Blütenpracht und karger Mondlandschaft, tiefgrünen Wiesen und weißem Sand. Ein paar Tage genügten, um mich in mir zu versöhnen: Die Rationalität und Logik durften friedlich neben den feinen Antennen für das Unsichtbare existieren. Erst da wurde mir bewusst, wie sehr ich mich in meinem Alltagsleben aufteilte. Gegen außen gab ich mich eher kopflastig, nüchtern und organisiert. Meine Feinfühligkeit ließ ich mir kaum anmerken, aus Angst, nicht verstanden zu werden. Das war anstrengend. Umso erholsamer empfand ich die schottische Umgebung, weil ich hier nichts mehr verstecken musste.

Schottland überbrückte als mystisches Kraftfeld die Zeit meiner gewollten spirituellen Abstinenz und ließ mich auf eine neue, sanftere Art und Weise mit meiner inneren Weite in Verbindung treten.

EINE UNERWARTETE PROPHEZEIUNG

Die kleine Bucht lockt mit weißem Sand und türkisfarbenem Wasser. Ich wähne mich in der Karibik, trage allerdings keine Badehose, dafür Schal und Mütze. Es bläst ein kräftiger Wind über die fast baumlose, nur 8,8 Quadratkilometer kleine Insel Iona an der Westküste Schottlands. Etwas Heiliges weht mir um die Nase, als die Fähre anlegt. Allerlei Wundersames soll hier geschehen sein, inklusive Engelserscheinungen. Iona ist ein Ort, an welchem ich die Berührung von Himmel und Erde viel deutlicher wahrnehme als anderswo.

Der Dorfkern ist rasch durchschritten, und ich folge dem Weg hinauf zur Iona Abbey. Doch zuerst schlendere ich über den nahe gelegenen Friedhof, der weder mit zerfallenden Grabsteinen noch mit Prominenz geizt. Etliche Könige liegen hier begraben, unter ihnen Macbeth, von dem ich lange Zeit dachte, Shakespeare habe ihn erfunden. Es zieht mich weiter in Richtung Abbey, vorbei an zwei beeindruckenden keltischen Hochkreuzen. Ein Gefühl von Vertrautheit steigt in mir hoch, während ich durch den Kreuzgang gehe. In der Klosterkirche spüre ich diesem Eindruck nach. Was spricht mich an? Vermutlich die Schlichtheit von Stein und Holz, die ohne Bilder, Statuen oder andere visuelle Darstellungen des Göttlichen auskommt. Die braucht es nicht, denn die Sonne strahlt direkt durch das Altarfenster, das Licht durchflutet den gesamten Chorraum und lässt das Gemäuer weich und lebendig erscheinen. Ich fühle mich angenehm klein und geborgen und genieße dieses Lichtbad. Ein tiefer Friede, Zuversicht und etwas Verheißungsvolles erfüllen mich und meinen Körper.

Nach dem Besuch der Abbey gehe ich weiter zum Hügel der Engel. Bevor der irische Mönch Columba mit seiner Gefolgschaft hier das erste Kloster gründete, lautete der Name Sìthean Mòr – »langer Hügel der Feen«. In dem durch den heiligen Columba verbreiteten keltischen Christentum wurde viel Wert darauf gelegt, das traditionelle Gedankengut möglichst einzubinden und nicht zu bekämpfen. Um eine Änderung des ursprünglichen Namens kam er offenbar doch nicht herum, weil die heidnischen Feen die neue Religion nicht in der gewünschten Weise repräsentierten.

Die sanfte Erhebung aus Gras erscheint mir bei Tageslicht recht unauffällig, ohne jeglichen Hinweis auf überirdische Aktivitäten, wie ich etwas enttäuscht feststelle. Mittlerweile hat eine Herde friedlich grasender Schafe den Hügel in Beschlag genommen. Und wo Schafe sind, tummeln sich nicht selten auch himmlische Wesen. In der Weihnachtsgeschichte wird diese Konstellation jedenfalls so erwähnt. Der Chor der Engel erschien weder einer Rinderherde noch einer Kamelherde noch einer Gruppe von kultivierten Wüstenmäusen. Es waren

Schafe. Vermutlich grasten die gemütlichen wollknäueligen Tiere schon zu Columbas Zeiten auf diesem Hügel der Engel, und wer weiß, vielleicht waren sie auch hier, wie einst in Bethlehem, stumme Zeugen eines Wunders.

Adomnán, der neunte Abt von Iona, hat in seiner Vita S. Columbae *über einige Engelsbegegnungen berichtet, kurz und knapp, ohne Gehabe und daher recht glaubwürdig. Der Erzählung des Abtes zufolge soll einst ein neugieriger junger Mönch dem heiligen Columba hinterhergeschlichen sein, als sich dieser wie so oft spätabends von der Gemeinschaft entfernte. Das war seltsam, schließlich gab's im Kloster genügend Möglichkeiten für ein nächtliches Gebet. Warum musste der heilige Columba also bei Dunkelheit quer über die Insel stolpern? Offenbar suchte er nach himmlischer Gesellschaft, denn Columba soll auf ebendiese Anhöhe gegangen sein und sich hingekniet haben. Daraufhin habe sich, wie Adomnán weiter berichtet, mit einem Mal der Himmel geöffnet und auf einer Art Himmelsleiter seien Engel in hellem Lichtschein auf- und abgestiegen, die sich mit dem heiligen Mann unterhielten, als sei dies das Normalste der Welt.*

Vielleicht ist diese Begebenheit eine Erklärung, weshalb ich mich auf Iona zu Hause und in Gegenwart von Schafen so wohl fühle. Mir scheint, meine Flügel jucken unter dem irdischen Kleid. Aber nur für einen Moment. Dann genieße ich den Blick über die kleine Bucht auf die Weite des Atlantischen Ozeans.

Ziemlich genau zwei Jahre später erlebte ich eine Art Echo auf meinen Besuch in der Iona Abbey. Wieder war ich in einer Kirche, diesmal in der Schweiz. Wieder Stein, Holz und Glas und ohne Schnickschnack (reformiert halt). Im Gegensatz zu Iona war diese Kirche voll besetzt, wie immer bei der Installation eines neuen Pfarrers (warum heißt das bloß so?). Nicht allein die Neugier hatte viele Menschen an diesem Sonntag früh aufstehen lassen, es lockten auch Häppchen beim anschließenden Kaffee. Für mich war es der erste Gottesdienstbesuch nach längerer Pause. Ich war gerührt von der Stimmung, dem Orgelspiel und dem gemeinsamen Singen. All dies fühlte sich so vertraut an, und ich genoss es, ein Teil davon zu sein. Und dann geschah etwas Seltsames, das mich unverhofft aus dem sonntäglichen Frieden herausriss. Die Zeit schien stehen zu bleiben, die Musik verstummte, die Menschen um mich verblassten und verschwanden beinahe. Wie damals, als ich unmissverständlich nach Schottland geschickt wurde (und nicht nach Irland), vernahm ich, wie die innere Stimme mir etwas mitteilen wollte. Da ich das damit verbundene Gefühl bereits kannte, war ich nicht überrumpelt, sondern aufmerksam und gespannt. Mich verblüffte diesmal hingegen die direkte Ansprache: »Ich will durch dich meine Größe zeigen.« Nur dieser Satz, dreimal hintereinander. Und zwar in einer Selbstverständlichkeit, als würde mir jemand ein Stück Kuchen anbieten. Keine herumwandernden Lichtwesen, keine dramatische Filmmusik, einfach diese Worte.

Ich nahm an, dass Gott zu mir sprach. Besser gesagt, es bestand kein Zweifel, dass er es war. Schließlich befand ich mich in einer christlichen Kirche, und aus der Bibel kannte ich die klaren Ansagen à la Dornengestrüpp & Co. sowieso. Und schwups! meldete sich der Mose-Komplex: Was, ich soll gemeint sein? Das bilde ich mir bestimmt bloß ein. Ich sollte mal besser auf dem Teppich bleiben. Schließlich war ich längere Zeit abgetaucht von der spirituellen Bildfläche und nicht auf Empfang von höheren Botschaften eingestellt. Dennoch raste mein Herz. Nach und nach spürte ich, wie die Ernsthaftigkeit der Worte in mich einsickerte. Dem Gottesdienst konnte ich nun nicht mehr so ganz folgen. Ich musste anderes verarbeiten. Immerhin hatte ich soeben eine direkte göttliche Ansprache erfahren, eine echte Prophezeiung, wenngleich sie eher unspektakulär und ohne übernatürliche Phänomene daherkam. Sollten die Betreuenden der Sonntagsschule am Ende recht gehabt haben? Nach einigen erfolglosen Versuchen, das Erfahrene intellektuell einzuordnen bzw. mir auszureden, strömten endlich Klarheit (bei gleichzeitiger Unwissenheit darüber, was genau mit diesem einen Satz gemeint war) und Freude durch meinen Körper. Ein paar Wochen später erlebte ich das Gleiche wieder, diesmal im Ostergottesdienst in einer katholischen Kirche. Vermutlich um den fehlenden Dornbusch doch noch wettzumachen.

Kein Zweifel, die Spiritualität bahnte sich erneut einen Weg in mein Herz, und ich nahm sie voller Begeisterung auf. Sie war ja nie wirklich verschwunden gewesen, der Glaube hatte mich nach wie vor täglich im Gebet und im Lesen der Bibel begleitet. Anscheinend folgte nun der Übergang in eine neue Phase. Es war an der Zeit, in Aktion zu treten und nicht meinen eh schon vollgestopften Geist weiter zu füttern. Ein Teil von mir blieb skeptisch und drang darauf, zwecks Verhinderung einer Blamage mit niemandem darüber zu sprechen.

Da ich sehr kopflastig unterwegs war, versuchte ich mit meinem Verstand herauszufinden, was ich tun müsste, damit sich die Prophezeiung erfüllen konnte. Visionen entstanden, und Ideen sprudelten hervor. Gleichzeitig meldete sich der gute alte Mose zu Wort und führte mir vor Augen, wie ungeeignet ich für solche Dinge sei, mein Glaube sei viel zu klein und vor anderen Menschen darüber zu reden, ginge ja überhaupt nicht. Die anfängliche Euphorie verpuffte recht schnell. Nur gut hatte ich niemandem etwas gesagt, so blieb mein Versagen unsichtbar.

Einige Monate später, ich hatte diese Prophezeiung schon fast wieder vergessen oder zumindest kunstvoll verdrängt, begannen sich im Hintergrund Räder zu drehen. Ich bekam aus dem Nichts Anfragen, ob ich mich in der Kirche (derjenigen mit dem neuen Pfarrer) engagieren wolle. Und wie ich das wollte! Ich wurde ein sehr aktives Mitglied der Gemeinde. Nach verschiedenen Einsätzen in Gottesdiensten, Konfirmandenlagern, Kirchenbasaren und meiner Wahl ins Kirchengremium fragte mich der neue Pfarrer an einem Freitagabend, ob ich für ihn einspringen könne. Er selbst sei krank und sein Stellvertreter befinde sich im Urlaub. Zuerst konnte ich es gar nicht glauben. Ich sollte am Sonntag die Predigt halten? Also nicht ein paar Texte vorlesen und schnell zurück in den Sitzbänken verschwinden. Nein, ich sollte auf der Kanzel stehen. Und zwar eine Stunde lang. Allein bei der Vorstellung schlugen meine Ängste und Zweifel Purzelbäume, und auch Mose schüttelte heftig sein Haupt. Andererseits: Wie konnte ich Nein sagen? Ich fühlte förmlich, wie sich etwas für mich Wichtiges zu formen begann. Dummerweise stand das Thema des Gottesdienstes seit einer Woche fest und war längst publiziert. Das hätte mich beinahe zu einem Rückzieher veranlasst. Ausgerechnet ich musste über Geschwister sprechen. Dabei war ich doch Einzelkind aus Überzeugung. Trotz der mangelnden persönlichen Erfahrung machte ich mich daran, innerhalb von vierundzwanzig Stunden meine erste eigene Predigt zu schreiben und mich auf den großen Tag vorzubereiten.

Es war magisch. Als die Orgel einsetzte, klopfte mein Herz wie wild. Ich stand auf, nahm die paar Treppenstufen zur Kanzel und begrüßte die Gemeinde. In diesem Moment durchströmte mich ein Glücksgefühl. Ich war vollkommen ruhig, zu Hause und verbunden mit allem und allen. Beim Orgelzwischenspiel erinnerte ich mich, wie sehr ich es als Fünfjährige geliebt hatte, Pfarrerin zu spielen. Zum Beispiel auf Waldspaziergängen mit meinen Eltern, die ich von einem Baumstrunk aus mit »Liebe Gemeinde« ansprach und Lieder aus der Sonntagsschule singen ließ. Oder zu Hause mit meinen Puppen, die sich als Täuflinge hervorragend eigneten (auch wenn ich mich sonst eher selten mit ihnen befasste). Und nicht ganz zwanzig Jahre später war aus dem Spiel plötzlich Wirklichkeit geworden.

Meine erste Kanzelstunde ging viel zu schnell vorbei. Und glücklicherweise klappte alles wie am Schnürchen, ohne Pannen wie Schwindelanfälle, Rückkoppelungen des Mikrofons oder den Verlust des berühmten roten Fadens. Nach diesem Einsatz bescheinigte mir der gesundheitlich angeschlagene Geistliche ein Talent für den Pfarrberuf. Warum nicht auf dem zweiten Bildungsweg Theologie studieren? In meinen Tagträumen sah ich, wie ich als Pfarrerin lebte und arbeitete, als Seelsorgerin, als Predigerin für Jung und Alt. Ist das mein Weg? Will Gott auf diese Weise durch mich wirken und seine Größe zeigen? Die Prophezeiung würde sich erfüllen, und ich könnte mich endlich mit dem Mose-Komplex versöhnen.

Es gab einiges, was dafür sprach. An erster Stelle natürlich meine Begeisterung für den christlichen Glauben. Das Christentum war für mich die coolste Religion überhaupt. An einen Gott glauben zu können, der über allem erhaben, allwissend, gütig und schöpferisch wirkte. Und an seinen Sohn, Christus, in dem diese Göttlichkeit nahbar und berührbar wurde. Ich vermute, dass Jesus schon damals meine tiefe Sehnsucht verkörperte, im Menschsein die universelle Weite zu erleben. Auf jeden Fall war er für mich Freund, Ratgeber und Weggefährte. Unzählige Tagebücher füllte ich mit Briefen an ihn. Alles konnte ich ihm anvertrauen, mit ihm streiten, kritische Fragen stellen, mich grundlos freuen und mit einem erfüllten dankbaren Herzen in seine Arme fallen. Ich zog so viel Kraft aus dem Glauben.

Daher ist es nicht verwunderlich, dass ich mir sehr gut vorstellen konnte, diese Begeisterung in anderen Menschen ebenfalls zu entfachen. Warum nicht als Pfarrerin? Ich versuchte immer mal wieder, Gespräche auf den Glauben zu lenken. Spürte ich Widerstand oder kein Interesse an diesem Thema, schwieg ich und schickte ein kleines Gebet nach oben, dass die himmlischen Heerscharen diesem Menschen einen Schubs in die richtige Richtung geben mögen. Davon war ich überzeugt: Die Frohe Botschaft musste man selbst und von innen her erkennen. Ich sah es als meine Aufgabe, überhaupt auf die Option des christlichen Glaubens aufmerksam zu machen.

Für jeden Menschentypus legte ich mir ein Argumentarium zurecht. Ich las die Bücher von C. S. Lewis, der das Christentum gerne als logische Entscheidung begründete. Des Weiteren Pierre Teilhard de Chardin, der um die Verbindung zwischen Wissenschaft und christlicher Heilsgeschichte rang. Schließlich wurde Hildegard von Bingen mein geheimes Vorbild. Ihre mystischen Schriften faszinierten mich ebenso wie ihr Wissen über Medizin,

Kosmologie, Musik und Ethik. Hätte es dazugehört, wäre ich in dieser Zeit auch in ein Kloster eingetreten.

Gott als Mensch war für mich das Konzept, welches keine andere Religion zu überbieten imstande war. Wobei ich ehrlicherweise gestehen muss, dass ich mich herzlich wenig um andere religiöse Ansichten kümmerte und mich eher von Vorurteilen leiten ließ. Vor allem die östlichen Religionen mit ihren vielen Göttern oder gänzlich ohne einen Gottesbegriff schienen mir suspekt und kompliziert. Dass ich Jahre später ganz anders darüber denken würde, ahnte ich damals in keiner Weise.

Ohne das bewusst zu wollen, entwickelte sich in mir die Vorstellung einer perfekten Christin, eines Ideals, dem ich unbedingt entsprechen wollte. Zum Teil wurde dies sicher zusätzlich durch meine Erlebnisse aus früherer Zeit befeuert, während ich vorübergehend eine Freikirche besuchte. Damit verbinde ich einerseits für mich wunderbare Begegnungen und Freundschaften, andererseits Starre und Enge. Zu Beginn dachte ich, der Name »Frei«-Kirche sei Programm. Doch mehr und mehr begriff ich, dass ich mich alles andere als frei fühlte. Das irritierte mich, und ich begann die Lehre dieser Organisation, das strenge Schwarz-Weiß-Malen bis hin zur Verurteilung Andersdenkender zu erkennen. Vor allem störte mich die gezielte Arbeit mit der Angst, verbunden mit einer krassen Doppelmoral einiger Personen. Bei den Jugendlichen, mit denen ich gerne und oft Zeit verbrachte, spürte ich hingegen das ehrliche, unerschütterliche Vertrauen in Gott und die volle Lebensausrichtung auf Jesus. Damit hatte ich kein Problem, denn diese Hingabe empfand ich ebenfalls.

Eine gewisse Glaubensstrenge, gepaart mit hohen Ansprüchen an das echte Christsein, musste untergründig auch nach meinem Austritt aus der Freikirche fortgewirkt haben. Auf einmal rückte diese Haltung stärker in den Vordergrund und stellte mein Engagement in der landeskirchlichen Gemeinde infrage. Zwar hatte ich meinen Platz, war eingebunden und konnte mich entfalten. Aber sollte nicht alles größer sein? Zweifel an mir und meiner Stärke im Glauben stiegen hoch. War vielleicht die Prophezeiung bloß ein Missverständnis? Oder glaubte ich zu wenig? Ich konnte mir nicht mehr vorstellen, für den Außendienst auf dieser Erde würdig zu sein, wenn ich nicht 24/7 an Gott dachte. An dieser Messlatte musste ich scheitern, vermutlich schaffte das auch sonst niemand auf der Welt, nicht einmal der Papst.

Nicht nur meine eigenen Anforderungen an eine perfekte Christin, auch das christliche Konzept an sich förderte immer mehr Widersprüchlichkeiten zutage. Von mir fett unterstrichene Bibelstellen verloren ihre Bedeutung, oder besser gesagt, ich hatte das Gefühl, dass sie etwas ganz anderes aussagen wollten. Zudem begann ich die christliche Ernsthaftigkeit bei meinen Mitmenschen zu hinterfragen. Ich entwickelte ein Sensorium dafür, ob in jemandem tatsächlich das gleiche Feuer brannte wie in mir.

Es erschreckte mich, wie viele sich mit dem sonntäglichen Kirchgang begnügten und im Alltagsleben ein komplett anderes Verhalten an den Tag legten. Ich hatte das Gefühl, von kalten Flammen umgeben zu sein. Sie leuchteten zwar, aber die Wärme fehlte.

Auf wundersame Weise stieß ich in dieser Zeit der Suche und des Zweifelns auf die Predigten von Meister Eckhart. Ich merkte, es musste in diesem Christentum mehr geben als das, was ich von der Kanzel hörte. Da ging es primär um das praktische Leben und das Handeln aus Nächstenliebe. Mich lockte hingegen wiederholt die innere Dimension, und die christliche Mystik schien mir einen passenden Weg dorthin zu eröffnen. Was das genau bedeutete, konnte ich nur erahnen. Ich war noch nicht so weit, um tiefer einzutauchen.

Mittlerweile hatte sich die Idee, Pfarrerin zu werden, in nichts aufgelöst, Prophezeiung hin oder her. Ich konnte mir beim besten Willen nicht vorstellen, wie ich mir sechs bis sieben Jahre lang mein Gehirn mit theologischem Wissen vollstopfen sollte, ohne meine eigenen Ansichten einzubringen. Ich hätte mich wie die Raupe gefühlt, die sich, eingezwängt in einen engen Kokon, damit trösten muss, irgendwann später als Schmetterling aufzuerstehen. Diese Zeit, in der ich nicht für meine Überzeugungen hätte einstehen können, erschien mir einfach zu lang. In einem (vorerst) abschließenden Statement nach oben hielt ich fest: »Gott, willst du mich wirklich einspannen für irgendwelche

Dinge, dann bitte klar und deutlich. Im Moment bin ich raus.«

Erneut forderten nämlich andere Lebensbereiche meine Aufmerksamkeit. Ich begegnete der Liebe meines Lebens, was einiges durcheinanderwirbelte, nachdem ich bislang angenommen hatte, eine einsame Wölfin zu sein. Doch eines Tages machte sich wieder diese innere Stimme bemerkbar, die ebenso beiläufig wie bestimmend meinte: »Das ist übrigens dein zukünftiger Mann.« Okay, gut zu wissen. Der Mensch war mir tatsächlich sehr sympathisch und irgendwie vertraut. Dem Unterfangen »Beziehung« sah ich anfänglich mit einem Hauch Skepsis, aber im Grunde gelassen entgegen. Das wird sich schon richten, ich warte mal ab. Ein paar Wochen später flatterten die Schmetterlinge im Bauch, und der Himmel färbte sich rosa. Glücklicherweise ebenso bei besagtem Mann. Praktisch gleichzeitig, einfach so, als wäre es eine uralte, längst beschlossene Sache.

Vielleicht von der Liebe beflügelt, fand ich Gefallen an einer beruflichen (weltlichen) Karriere. Ich wollte mich weiterbilden, Verantwortung übernehmen und etwas leisten. Die Spiritualität zog sich diskret lächelnd zurück. Auch wenn nun anderes für mich im Vordergrund stand, wusste ich, dass wir verbunden bleiben würden. Und in diesem Vertrauen genoss ich die neue, aufregende und verheißungsvolle Zeit.

IM AUGE DES STURMS

Die sich im Eiltempo nähernde dunkle Wolkenwand verheißt nichts Gutes. Das graue Meer scheint die nahende Unruhe zu spüren und beginnt sich zu kräuseln. Skeptisch blicke ich auf das Ausflugsboot. Eigentlich macht es einen robusten Eindruck und ist bestimmt solche Wetterlagen gewohnt. Dennoch frage ich mich, ob ich wirklich einsteigen soll. Die Crew hantiert routiniert am Boot herum, keine Anzeichen von Unsicherheit oder Zweifel bezüglich des Wetters. Sei kein Frosch, sage ich mir, rein mit dir. Alle anderen machen das ja auch. Und so starten wir von der Insel Mull hinaus nach Staffa und Fingal's Cave.

Dann ändert sich alles schlagartig. Die Wolkenwand öffnet ihre Schleusen, der Wind nimmt ebenso zu wie die Höhe der Wellen. Ich ziehe den Reißverschluss an meiner Öljacke bis ganz nach oben und die Kapuze tief ins Gesicht. Wie oft habe ich mich über den gewöhnungsbedürftigen Wachsgeruch dieser typisch britischen Regenjacke geärgert. Nun bin ich froh darüber, denn sie hält das strömende Wasser von mir fern, ich bleibe so weit trocken. Wie ich es gelernt habe, um Übelkeit auf einem Schiff zu vermeiden, versuche ich, den Horizont im Blick zu behalten. Doch was tun, wenn sich dieser *verabschiedet hat? Das Meer und der Nebel sind kaum zu unterscheiden. Nirgends ein Fels, ein Baum, ein Leuchtturm, an den ich meine Augen heften kann, um den Schleudergang in meinem Magen zu verlangsamen. Mir ist wirklich elend. Mit einem Arm habe ich mich an einer Stange eingehakt, mich nur mit den Händen festzuhalten, würde bei diesem Seegang nicht reichen. Der Regen peitscht schräg in mein Gesicht, trotz Kapuze. Keine zehn Pferde könnten mich unter Deck bringen. Da wäre es zwar warm und trocken, aber diese Enge würde mir den Rest geben. Ich muss die Nase im Wind haben. Und so schaukle ich hin und her, auf und ab, nach links und rechts, nussschalenmäßig eben. Orientierungslos. Plötzlich plärrt aus dem Lautsprecher eine blecherne Version der* Hebriden-Ouvertüre *von Felix Mendelssohn Bartholdy. Bei schönem Wetter bestimmt ein toller Special Effect. Jetzt unterstreicht die Musik meine Weltuntergangsstimmung. Sterben muss tausendmal besser sein, als weiter so hin- und hergeworfen zu werden. Das hat nichts mehr mit spirituellen Sphären zu tun. Das ist ein ganz irdischer Wunsch.*

Endlich Land in Sicht. Überraschend nah tauchen aus dem Nebel Felsen auf. An einem improvisierten Steg wird die Nussschale vertäut. Immerhin habe ich wieder festen Boden unter den Füßen, mein Magen beruhigt sich etwas. Wir werden angewiesen, möglichst zügig zur Höhle weiterzugehen. Sie ist von Basaltsäulen umgeben, die wie Orgelpfeifen aussehen. Beeindruckend, was die Natur durch einen Vulkanausbruch alles zustande bringt. Kein Wunder, dass dichtende und komponierende Menschen ins Schwärmen kommen und kreative Höhenflüge erleben. Das alles ist mir gerade so was von egal. Mir ist schlecht. Ich will immer noch sterben. Etwas weniger als vorher, aber ich meine es nach wie vor todernst. Nicht einmal Schafe hat es hier, das erklärt alles.

Meine Gedanken kreisen darum, dass ich in ein paar Minuten zurück auf die Nussschale muss. Ich eile zu meiner Stange, die darf mir niemand nehmen, wenn untergehen, dann so. Mir scheint, als dauere diese Fahrt Stunden. Irgendwann ertönt die Durchsage, dass wir auf Lunga, einer der Treshnish Isles, ankommen. Witzig, warum beruhigt mich das nicht? Soll ich diesmal die Nussschale gar nicht erst verlassen? Allerdings würde ich dann keinen von diesen putzigen Puffins sehen. Ob die bei diesem Wetter nicht in ihren Höhlen bleiben? Das Gekreische der Seevögel und der beißende Gestank belehren mich eines Besseren. Okay, Füße wieder auf den Boden stellen, ein paar Schritte gehen, mich etwas weniger elend fühlen, alles an Energie zusammensuchen, was in meinem durchgeschüttelten Körper noch vorhanden ist.

Und plötzlich geschieht dieses schottische Wetterwunder. Regen, Wind und Wolken verziehen sich innert Minuten. Sofort wärmt die Sonne, die so tut, als stünde sie schon die längste Zeit am Himmel (was ja streng genommen die Wahrheit ist). Irgendetwas in mir drin hat die Fähigkeit, blitzartig von der Todessehnsucht in die Lebensfreude umzuschlagen. Die Übelkeit hat sich verabschiedet und einem imposanten Hungergefühl Platz gemacht. Gierig verschlinge ich meinen

Snickers-Riegel. Die Insel ist klein, und es geht über einen Pfad durchs Gras steil bergauf. Schon bald sehe ich die ersten Männer und Frauen am Boden liegen. Natürlich nicht einfach so. Sie halten sich ihre Fotoapparate mit Teleobjektiv vors Gesicht, um die watschelnden Papageientaucher, etwa so groß wie eine Haustaube, in einer passenden Pose abzulichten. Ein erlösendes, zufriedenes Gefühl breitet sich in mir aus, das Gleichgewicht (auch das in meinem Magen) ist wiederhergestellt. Ich freue mich über die tollpatschigen und immer etwas traurig dreinschauenden Puffins, die alles andere als menschenscheu sind. Nach ein paar Stunden geht's zurück zum Ausflugsboot. Diesmal setze ich mich entspannt hin und lasse mir die Sonne ins Gesicht scheinen. Das Meer hat sich geglättet und strahlt in tiefem Blau, als könne es kein Wässerchen trüben.

Die stürmischen Zeiten haben sich in meinem Leben zuweilen wie eine Welle weit draußen im Ozean aufgebaut, ohne dass ich es bemerkte. Inzwischen war ich verheiratet, blühte in einer spannenden Arbeit auf, gewann an Selbstbewusstsein, übte mich in der chinesischen Kampfkunst und büffelte schulmedizinische Grundlagen in der Ausbildung zur Naturheilpraktikerin. Nebenher schnupperte ich erstmals die Luft der Selbstständigkeit mit der Eröffnung meiner Übungs-Gesundheitspraxis. Um alles unter einen Hut zu bringen, stand ich um fünf Uhr auf und kam erst gegen Mitternacht ins Bett. Alles war perfekt, die Zeiten mit meinem Lieblingsmenschen und meinem Freundeskreis, die Wertschätzung und der Teamgeist bei der Arbeit, finanzielle Unbeschwertheit, körperliche Fitness und die Vision, später meine eigene Praxis zu führen. Mein Gehirn arbeitete dauerhaft auf Hochtouren, analysierte, entwickelte, ordnete ein und packte Wissen in den Langzeitspeicher, als sei dies der Motor, der mein Dasein am Laufen hielt. Kurzum, ich identifizierte mich voll und ganz mit diesem prallen Leben, hatte Energie ohne Ende und stellte zufrieden fest: Das bedeutet Menschsein, jetzt bist du richtig in dieser Welt angekommen, dafür bist du da.

Und mit einem Mal ging gar nichts mehr. Während einer Ferienwoche in Südfrankreich breitete sich in mir eine bleierne Müdigkeit aus, ich schlief fast den ganzen Tag, sei es im Ferienhaus oder am Strand, wollte nichts unternehmen. Wieder daheim, änderte sich nichts an der Lähmung. Ich saß auf dem Sofa und war unfähig, aufzustehen und mir eine Tasse Tee zu kochen. Am liebsten wäre mir gewesen, jemand hätte mir jede Stunde gesagt, was ich tun muss. Etwas essen, spazieren gehen, ein Buch lesen. Wie ein Roboter hätte ich alles erledigt. Ausgerechnet ich als Kind der Freiheit wünschte mir in dieser Phase nichts sehnlicher, als mich in die Fremdbestimmung hineinfallen zu lassen. Das war seltsam, und mir fehlte jegliche Erklärung. Mir ging's doch gut, oder? Ich lebte mein Leben und fühlte mich pudelwohl darin, es mangelte mir an nichts (glaubte ich jedenfalls). Der Zustand, in dem ich mich gerade befand, wollte hingegen so überhaupt nicht zu dieser Einschätzung passen.

Wie in einer Vision sah ich innerlich meine Vorstellungen und Pläne zu Staub zerfallen. Fast so, als säße ich im Auge des Sturms, sozusagen bei klarem und windstillem Wetter, und rundherum bliebe kein Stein mehr auf dem anderen. Anders gesagt, mein Lebenskonzept war im Begriff, sich aufzulösen, der Boden, auf dem ich meine Existenz gründen wollte, wurde erschüttert.

Trotz der Wucht dieser Bilder stürzte ich nicht ins Leere. Denn mitten in diesem dramatischen inneren Schauspiel umgab mich die vertraute Stille aus früheren Zeiten wie ein Schutzmantel. Ich spürte, solange ich mich auf sie fokussierte, würde mir der Sturm nichts anhaben. Ich musste nur geduldig sein und »abwettern«, wie man in der Segelsprache sagt.

Nachdem der erste Aufruhr sich gelegt hatte, wirkte alles weniger bedrohlich auf mich. Zwar empfand ich eine Leere, aber die war nicht dunkel oder schwer, sondern vielmehr hell und leicht, wie nach einer inneren Reinigung. Uff, noch einmal gutgegangen, ich musste mein Leben doch nicht auf den Kopf stellen. Ein Teil von mir war nämlich nicht bereit, das, was ich mir aufgebaut hatte, sofort aufzugeben. Zu sehr nährte ich mich von der Anerkennung, die ich von anderen für meine Leistungen erhielt, und von dem Gefühl, Teil von etwas Großem zu sein (in diesem Fall einer erfolgreichen Unternehmung). Mein

Verstand ließ nicht zu, die Reißleine zu ziehen. Irgendwie wird es schon gehen, redete ich mir ein. Und so erledigte ich weiterhin meine Arbeit, zwar etwas abwesender und unkonzentrierter als sonst, jedoch mit der festen Überzeugung, alles im Griff zu haben.

Damit ich endlich begriff, dass dem nicht so war, fegte der Wirbelwind abermals über mich hinweg. Völlig unerwartet stellten sich mir wie in einem Flashback Fragen nach meiner Herkunft und ob ich wirklich »richtig« um meinen Vater getrauert hätte. Das klang so gar nicht nach meiner vertrauten inneren Stimme, die mir bisher zuverlässig den Weg gewiesen hatte. Eher nach einer Art Schwanengesang meines Verstandes, der glaubte, mir meinen Zustand objektiv »erklären« zu können. Was mir freilich nichts nützte.

Die Situation war paradox: Auf der einen Seite wollte ich an meinem Ziel festhalten, bald als Naturheilpraktikerin zu arbeiten, nachdem ich schon so viel investiert hatte. Auf der anderen Seite sah ich, dass dieses kunstvolle Gebäude meines beruflichen Lebens in sich zusammenfallen würde wie ein Kartenhaus, das keinem Sturm standhielt. Sie ließ sich nicht abschütteln, diese Ahnung, die mir anzeigte, dass etwas überhaupt nicht passte. Und so beschloss ich, meiner Intuition ein weiteres Mal blind zu vertrauen, und brach die Ausbildung mittendrin ab.

In dieser Phase der Verunsicherung – das Neue war noch nicht da, das Alte passte nicht mehr – tauchte überraschend ein interessanter Begriff auf: Hochsensitivität. Ich wusste sofort, dass ich da hingucken musste. Wie ich lernte, nehmen hochsensitive Personen (abgekürzt: HSP) äußere Reize, aber auch innere Befindlichkeiten um einiges feiner und genauer wahr als andere. Verblüffend, wie sich mir plötzlich eine neue Welt auftat, viel Unklares machte auf einmal Sinn. Praktisch alle aufgeführten Merkmale trafen auf mich zu: die Licht- und Lärmempfindlichkeit, das Unwohlsein in großen Menschenmengen, Vorahnungen von Ereignissen, das ewig drehende Gedankenkarussell, das unangenehme Überschwappen von Stimmungen und Schwingungen, sei es von Menschen oder von Orten, das Bedürfnis nach Rückzug, das intensive Erleben von Spiritualität etc. Kein Wunder, dass ich im damals einzigen Test neunundneunzig von hundert Punkten erreichte. Endlich erhielten meine Empfindungen einen offiziellen Namen, und ich musste sie nicht weiter unter S wie »seltsam« einordnen. Ich war eine hochsensitive Person, HSP wurde zu meinem Mantra.

Es folgte eine Zeit, in der sich ein Aha-Erlebnis an das andere reihte. Stundenlang unterhielt ich mich in Internetforen mit anderen HSP, ich war nicht die Einzige, wie ich bis dahin vermutet hatte! Schnell erlebte ich eine Art Seelenverwandtschaft zu mir unbekannten Menschen. Diese Mischung aus Nähe auf einer höheren Ebene und gleichzeitiger Anonymität entsprach mir sehr, und ich konnte mich erstmals etwas öffnen. In der Community tauschte ich mich über Strategien aus, wie ich besser mit Reizüberflutungen umgehen und mir im Alltag Rückzugsmöglichkeiten schaffen konnte. Dieses Bedürfnis hatte ich ja bereits als Kind verspürt, jedoch in der beruflichen Aktivität den Bezug dazu verloren oder es ignoriert. Nun erlernte ich die Selbstfürsorge. Für mich Neuland, da ich zuletzt vor allem auf das Außen fokussiert gewesen war, um allen Erwartungen gerecht zu werden.

Diese intensive Phase dauerte lediglich ein paar Monate. Mehr und mehr merkte ich, wie ein tiefer Graben zwischen HSP und Nicht-HSP gezogen wurde, der mir so gar nicht gefallen wollte. In den HSP-Gruppen wurde oft thematisiert, dass »wir« etwas ganz Besonderes seien und sehr auf uns achtgeben und uns gegenseitig Beistand geben müssten. Nicht-HSP-Menschen könnten das halt nicht verstehen. Allmählich ging mir dieses stete Kreisen um meine Befindlichkeit mächtig auf den Geist. Ja, es war befreiend, mich zuordnen zu können und mir die Erlaubnis zu geben, mich mit diesen hochsensitiven Eigenschaften anzunehmen. Doch ich wollte das nicht länger zelebrieren, sondern abhaken. Es war an der Zeit, mich wieder der Spiritualität zu widmen. Ich fühlte erneut ihr sanftes und liebevolles Drängen. Sehr clever von ihr, hatte sie sich durch das Aufstoßen der HSP-Türe Zugang zu meinem Bewusstsein verschafft. Das Pendel schlug in die andere Richtung aus. Der Fokus auf mein Leben im Außen verlor an Gewicht. Die altbekannte Sehnsucht nach Weite,

Freiheit und Ewigkeit forderte meine Aufmerksamkeit. Ob meine Flügel überhaupt noch flugtauglich waren?

Während meiner »Abstinenz« hatte sich einiges auf dem spirituellen Gebiet getan. Es gab inzwischen ein riesiges Angebot jenseits von Kirche und Christentum: Yoga, Räucherstäbchen, Aura-Wässerchen, Klangschalen, Meditation, Orakelkarten, Tantra, Feuerlaufen, Heilsteine und vieles mehr waren en vogue und versprachen die Verbindung mit dem Universum. Echt jetzt? Trotz dieser beeindruckenden Vielfalt konnte ich mich nicht so recht anfreunden mit diesem eher gegenständlich orientierten und esoterisch angehauchten Glaubensverständnis. Ich nahm außerdem wahr, dass sich in meinem eigenen spirituellen Verständnis etwas gewandelt hatte. Für mich verkörperten die teilweise starren Vorstellungen der Institution Kirche über das Christentum inzwischen nur die halbe Wahrheit. Etwas Wichtiges wurde mir vorenthalten, ich wusste jedoch nicht, was. Ich fühlte mich erneut einem Nebel der Orientierungslosigkeit ausgesetzt und musste mich voll und ganz auf die Navigation durch meine Intuition verlassen.

WARTEN AUF DEN GURU

Es ist stockdunkel. Ein erfrischender Wind mit vertrautem Meergeruch weht mir ins Gesicht, die Möwen kreischen und wecken meine Lebensgeister. Der Terminal ist praktisch leer, und auf der Gangway zur imposanten Fähre treffe ich vorwiegend auf Handwerker. Wie es scheint, bin ich heute die einzige Touristin und genieße das menschenleere Deck. Die sich schnell entfernenden Lichter von Oban spiegeln sich im fast glatten Wasser, über mir ein sternenklarer Himmel. Warum im Januar durch Schottland reisen? Die Sonne geht erst um neun Uhr auf und um vier Uhr schon wieder unter. Viele Sehenswürdigkeiten haben geschlossen, es gibt keine Festivals und keine Fish and Chips am Pier. Aber dieses einmalige Licht und diese gläserne Luft! Allein deswegen lohnt es sich. Das ist pure Magie.

Zum ersten Mal reise ich auf eigene Faust, eine völlig neue Erfahrung. Nach einer Woche mit meinem Mann auf den Äußeren Hebriden bin ich mit der Fähre von Stornoway nach Ullapool gefahren, danach mit dem Bus nach Inverness, mit dem Zug nach Kyle of Lochalsh, ein Abstecher zur Insel Skye, schließlich weiter nach Fort William und Oban. Heute ist mein letzter Ausflugstag, den ich natürlich einmal mehr auf Iona verbringen werde.

Auf der gesamten Reise hat mich Pink Floyd begleitet und mein Lieblingsalbum The Dark Side of the Moon *die momentane Stimmung musikalisch perfekt untermalt. Ich befinde mich in einer Art Warteschleife, ein Warten auf jemanden oder etwas. Der Song* Time, *meine persönliche Hymne, handelt davon, wie der Mensch seine Jugend mit mehr oder weniger nützlichen Dingen verplempert, derweil er meint, es würde ihm schon jemand sagen, wenn »es«, das Leben, richtig losgeht. Doch da kommt niemand. Plötzlich sind zehn Jahre vergangen, und niemand hat einem mitgeteilt, dass man längst hätte starten müssen. Verplempert habe ich mein bisheriges Leben gewiss nicht. Gleichwohl komme ich spirituell nicht mehr aus dem Quark. Welcher Weg ist der richtige? Was will ich loslassen, was darf sich weiterentwickeln, wo soll ich mich Neuem zuwenden? Blogs und YouTube sprechen vom weltweiten spirituellen Erwachen, und ich selbst habe keinen Plan. Diese »Welle« will ich auf keinen Fall verpassen. Die Zeit drängt, irgendwie ...*

Die Fähre legt an, und ich steige in den Bus nach Fionnphort. Die folgende einstündige Fahrt quer über die Insel Mull beeindruckt mich jedes Mal. Landschaftlich ist alles zusammengefasst, was Schottland zu bieten hat, dramatische Täler mit Seen sowie eine reichhaltige Flora und Fauna. Die Strecke kenne ich fast in- und auswendig, doch in der Morgendämmerung erlebe ich sie wie neu. In Fionnphort bringt mich die kleine Fähre in knapp zehn Minuten rüber nach Iona. Ein bisschen fröstelt mich beim wieder stärker blasenden Wind. Ich begebe mich zügig zur Iona Abbey, hinter den dicken

Mauern ist es windgeschützt. Ich warte, bis die Sonne etwas höher am stahlblauen Himmel steht. Sechs Stunden werde ich hier draußen verbringen, vermutlich vor allem in Bewegung. Alle Unterkünfte und Restaurants sind in der Winterpause, die Insel wirkt wie ausgestorben, und ich fühle mich, als wäre ich der einzige Mensch auf Erden.

Nachmittags, die Sonne tritt bereits den Sinkflug an, gelange ich an meinen Lieblingsstrand am nördlichen Zipfel der Insel, von dem man einen herrlichen Blick auf Staffa und die Treshnish Isles hat (Lunga ist eine davon, die mit den Puffins). Unverhofft spüre ich eine veränderte Energie oder besser gesagt eine Öffnung meines Innern nach außen, als ob ich mit der ausstrahlenden Kraft der unmittelbaren Umgebung verschmelzen würde. Der heilige Boden eines uralten spirituellen Zentrums, die Engelsinsel, die Schafe nicht zu vergessen, das pulsierende Rauschen des Meeres, die wärmenden Wintersonnenstrahlen, die klare Sicht in die Weite, gepaart mit meiner tiefen Sehnsucht nach Verbundenheit mit dem Ewigen und nach dem Hineinsinken in das Göttliche, überwältigen mich. Es entspricht mir überhaupt nicht, aber ich kann nicht anders, als mich in den Sand zu knien, in Demut vor dem Leben, vor der Kraft, die mich und alles um mich herum durchdringt. Für mich sehr ungewohnt, fließen die Tränen, als laufe mein Herz über vor lauter Glückseligkeit. Alle Fragen verstummen, die Unsicherheiten über meinen zukünftigen Weg, Zweifel lösen sich auf, der Druck fällt ab. Die absolute Hingabe an diesen Moment ist das Einzige, was existiert.

Zu Hause schwang die Energie von Iona noch eine Weile nach, verlor jedoch rasch an Kraft. Mir schien, ich sei allein nicht fähig, auf eine nächste spirituelle Ebene zu gelangen. Ich wollte alles richtig machen, keine Umwege gehen, keinen falschen Lehren aufsitzen. Umso dringender zeigte sich der Wunsch nach einer Anleitung, nach Orientierung. Kurzum: Ein Guru musste her. Einer, der sich meiner annahm, mich einweihte, lehrte, prüfte, der mich auffing, wenn ich scheiterte, und mich motivierte, wenn ich feststeckte. Dieser Wunsch prallte mit meiner Auffassung zusammen, dass ich als Christin keinen Guru brauchte. Jesus war mein Lehrer (ich hatte ja immer einen guten Draht zu ihm), die Bibel und ihre Auslegung das Fundament. Alles da. Trotzdem hatte ich jede Menge Fragen, mit denen ich nicht weiterkam.

Darf sich mein Gottesbild verändern? Darf es wachsen und sich ausweiten? Verrate ich meinen früheren, vielleicht eher kindlichen Glauben, wenn ich mich nicht mehr mit dem zufriedengebe, was mir die Kirche vermittelt? Darf ich meine bisherigen Momente der direkten Gotteserfahrung einbinden? Mein Herz beantwortete alle diese Fragen längst mit Ja. Meine klaren intuitiven Eingebungen verstand ich stets auch als göttliche Impulse. Fühlte sich etwas falsch an, ließ ich es sein. Weshalb sollte ich in dieser Verbundenheit und Gewissheit nicht meinen Glauben erweitern? Andererseits war ich unsicher, suchte nach Bestätigung. Ich steckte in einem Dilemma.

Da immer noch kein Guru am Horizont erschien, vertiefte ich mich wiederum in die Literatur, insbesondere in das Buch *Gott 9.0,* welches sich auf die Erkenntnisse von Clare Graves und Ken Wilber beruft. Nach deren Verständnis darf sich das Gottesbild sehr wohl entwickeln, es sollte sich sogar erweitern, da Gott selbst die Bewegung ist. Endlich konnte ich wenigstens einen Knoten in meinem Gehirn lösen und mich somit von der alten Vorstellung über die »perfekte Christin« verabschieden.

Völlig unverhofft klopfte eines Tages der Guru an meine Türe. Jedoch nicht in einem orangen Gewand mit Turban, langem Bart, dunklen Augen und einem weisen Lächeln auf den Lippen. Nein, einmal mehr meldete sich in einer absoluten Dringlichkeit meine innere Stimme zu Wort. Ich sollte mir tatsächlich Tarotkarten kaufen. Ha, ich? Bis jetzt hatte ich mich bloß über die einschlägigen TV-Kanäle amüsiert und mich gefragt, warum Menschen für so etwas einen Haufen Geld ausgeben. Und überhaupt, wie kann die Zukunft in den Karten stehen? Ach ja, natürlich ist jegliches Orakelbefragen in christlichen Kreisen ohnehin Teufelswerk.

Andererseits wusste ich bereits, dass meine intuitiven Eingebungen auf den ersten Blick wenig Sinn machten. Und wenn ihre »Anweisungen« überraschend bis verrückt sind, kann ich bis heute davon ausgehen, dass es ernst ist. Und diese hier erschien mir mehr als verrückt, folglich musste ich entsprechend handeln, egal was mein

Verstand und meine Überzeugungen dagegen vorzubringen suchten.

Im Vertrauen auf diese innere, glasklare Gewissheit zog ich los, um mir mein erstes Tarotdeck von Arthur Edward Waite zu kaufen, ergänzt mit einer Gebrauchsanweisung für Anfänger. Natürlich recherchierte ich zuerst über den auf mich sehr vielschichtig wirkenden Mann. Was ich dabei las, ließ einige meiner moralischen Härchen zu Berge stehen (das mit dem Teufelswerk schien nicht so verkehrt zu sein). Von Okkultismus war die Rede, Parapsychologie, einer Geheimgesellschaft mit dem mysteriösen Namen »Hermetic Order of the Golden Dawn«, Theosophie ... Ich horchte erneut in mich hinein, doch da war weit und breit kein No-Go zu spüren, im Gegenteil, ich sollte endlich loslegen. Diesen ganzen Überbau einmal weggedacht, faszinierten mich an den Karten vor allem die Bilder (gezeichnet von der Künstlerin Pamela Colman Smith), sie ließen mich in unterschiedliche Stimmungen eintauchen. Mal in die Leichtigkeit und Unbeschwertheit des »Narren«, mal in verschiedene Szenen aus dem mittelalterlichen Alltagsleben, dann wieder in Dramen und Verwüstung rund um die Karten »Tod« und »Teufel« oder ins leicht Absurde, wenn zum Beispiel ein Fisch aus einem Kelch schaut. Meine Neugier war definitiv geweckt.

Mit Herzklopfen (mein vegetatives Nervensystem ordnete dieses Unterfangen wohl noch als kritisch bis verboten ein) las ich, wie eine sogenannte »Legung« funktionierte.

Für den Anfang wählte ich ein einfaches Schema mit drei Positionen: Vergangenheit, Gegenwart und Zukunft. Ich zog blind drei Karten und legte sie verdeckt nebeneinander vor mich hin. Danach drehte ich die erste Karte um, sie sollte symbolisch meine Vergangenheit darstellen. Da lag nun »Der Turm«, ein ziemlich düsteres Bild, der Blitz schlägt ein, zwei Menschen fallen in die Tiefe, alles mitten in der Nacht. Stirnrunzelnd zog ich die Erklärung im Buch zu Rate. Da stand etwas von Zerstörung, Katastrophe, Scherbenhaufen, wenig Hoffnungsvolles. Spontan dachte ich an meine Zeit im Auge des Sturms und fand, dass die Karte meine damaligen Empfindungen sehr gut illustrierte. Als wäre dieser Einstieg nicht schon genug, doppelte die Karte für die Gegenwart mit den »Zehn der Schwerter« nach. Ein Mann am Boden liegend, sein Rücken durchbohrt von zehn Schwertern. Im Buch las ich dazu etwas von Endzeitstimmung, Depression, Verrat, Zusammenbruch, Stillstand. Super, ich sollte mich jetzt wohl so richtig schlecht fühlen.

Etwas zögernd drehte ich die letzte Karte um. Was würde mich nach der geballten Düsternis für die Zukunft erwarten? Zum Glück war diese Karte ganz anders als die vorherigen und gefiel mir daher eindeutig besser. »Die Hohepriesterin« schaute mich geheimnisvoll an in ihrem hellblauen Kleid, das wie ein Wasserfall an ihrem Körper nach unten fließt. Man sieht sie vor einem Vorhang sitzen, der eine mystische Landschaft verdeckt. Diese Deutung meiner Zukunft lockte mich. Nichts wünschte ich mir mehr, als den Schleier zu lüften, das Ewige und das begrenzte Menschsein zu verbinden. Damit musste ich mich hingegen noch etwas gedulden. Die Karte mit den zehn Schwertern hatte die Verfolgung aufgenommen. In jeder Legung, wirklich in jeder, erschien sie an jenem Platz, welcher meinen momentanen Zustand darstellen sollte. Das war gruselig. Denn das Deck besteht aus achtundsiebzig Karten, die ich zudem jedes Mal extra lange mischte. Obendrein fühlte ich mich überhaupt nicht wie dieser durchbohrte Mensch. Ich konnte die Bedeutung nicht richtig erfassen.

Glücklicherweise mischte auch der Zufall mit. Nach einer Weile tauchte mitten in einer Legung anstatt einer Bildkarte ein Kärtchen des Verlages auf, welches weitere Literaturtipps enthielt (das war mir bisher nicht aufgefallen). Darunter auch der Titel *Im Dialog mit den Bildern des Tarot* von Lilo Schwarz. Endlich kam Licht ins Dunkel. Die Erklärungen in den bisherigen Büchern (von denen ich etliche angeschafft hatte) wollten mir eine vorgefertigte und enge Sichtweise der Karten aufdrängen. Lilo Schwarz zufolge sollte jedoch das Bild die passende Assoziation im Betrachter selbst auslösen und so einen inneren Dialog ermöglichen. Bei jeder Legung und bei jedem Thema immer wieder neu. Diese situative und intuitive Herangehensweise entsprach mir viel mehr als die schablonenhaften, meistens sehr allgemein formulierten Erklärungen. Endlich erschloss sich mir auch das Rätsel der zehn Schwerter. Mittlerweile hatte ich herausgefunden, dass sie unter anderem den Verstand symbolisieren können. Ich begriff, was diese Karte mir sagen wollte und warum ich sie ständig aufgedeckt hatte. Meine Gedanken hatten mich innerlich zum Erliegen gebracht. Kein Wunder, mein Hirn war einerseits mein Kapital (im Beruf, in meiner Ausbildung, im Zwischenmenschlichen), andererseits ging ich alles viel zu verkopft an, auch die Erforschung des Unfassbaren. Selbst der Wunsch nach einem realen menschlichen Guru inklusive Gebrauchsanweisung für ein spirituell korrektes Leben war meinen Vorstellungen entsprungen. Auf einmal erinnerten mich die zehn Schwerter, die da im Rücken dieser Person steckten, an die Gitterstäbe eines Gefängnisses. Ja, die Gedanken sind frei, aber nur wenn sie mich nicht in eine enge Zelle aus Erwartungen sperren.

Beim Lesen des Textes zu den zehn Schwertern war mir ein Satz von Lilo Schwarz gleich ins Auge gesprungen, als wäre er für mich geschrieben: »Dreh den Spieß um!« Ich musste auf nichts und niemanden warten und nicht mehr länger wie erschlagen von meinen Vorstellungen am Boden liegen. Und eine weitere Wahrheit zeigte sich mir, die mir überhaupt nicht in den Kram passte, weil sie mich etwas beschämte: Sich als Opfer der eigenen Tatenlosigkeit zu wähnen und auf einen erlösenden Guru zu warten, war im Grunde sehr bequem. Nach dem Motto »Och, da wird schon irgendwann mal einer kommen und mir sagen, wo's langgeht. Bis dahin mache ich mal gar nix, dann mache ich auch nix falsch«. Das klang fast wie meine Ausreden aus den Zeiten mit dem Mose-Komplex. Damit sollte jetzt Schluss sein. Als wäre ein Schalter in mir umgelegt worden, änderte sich meine innere Haltung schlagartig. Eine erneuernde Energie durchfloss mich, stärkte meine Motivation und mein Selbstbewusstsein. Nach dieser Erkenntnis tauchte, o Wunder, die Karte nicht mehr auf. Allenfalls, wenn ich in das alte Muster zurückzufallen drohte. Eigentlich war *das* erst so richtig gruselig.

Innert kürzester Zeit wandelten sich die Tarotkarten zu einem wertvollen Werkzeug für mich. Sie lehrten mich auf eine spielerische Art und Weise das Sowohl-als-auch. Dadurch gelang es mir, mich immer mehr von meiner Kopflastigkeit zu befreien, ohne den Verstand zu verneinen. Die Tarotkarten haben nämlich sehr wohl eine innere Systematik, die es zu lernen und zu berücksichtigen gilt, da sie den Rahmen für den intuitiven Dialog steckt. Die Verbindung von Systematik und Intuition war genau das, was ich zu dem Zeitpunkt brauchte. Stück für Stück löste ich mich von festgefahrenen Vorstellungen, Glaubenssätzen und Denkmustern. Durch die Arbeit mit den Karten erkannte ich, welch unerschöpflicher Raum an Lösungsmöglichkeiten mir zur Verfügung stand. Sie befanden sich bereits in meinem Innern. Der Guru war also längst da, ohne dass ich ihn bemerkt hatte. In der Tarotarbeit spürte ich, dass die Ideen nicht aus meinem Kopf stammten und vorgefertigten

Spuren folgten, sondern ihren Ursprung in Bauch und Herz hatten und mir ganz neue und unerwartete Ansichten offenbarten. Ich musste bloß mein Inneres befragen und auf die intuitive Antwort vertrauen.

Später begann ich, auch andere Menschen zu beraten und dabei die Karten zu nutzen. Die meisten waren von meiner Herangehensweise zuerst irritiert. Zu groß war die hoffnungsvolle Erwartung, die Antwort auf ihre brennenden Fragen möge sich nun eins zu eins in den Karten zeigen beziehungsweise ich würde ihnen eine fixfertige Lösung präsentieren (tönte verdächtig wie das Warten auf den Guru). Aber darum durfte es nach meiner Erfahrung natürlich nicht gehen. Die Kundinnen und Kunden mussten selbst mitarbeiten. Wir entwickelten gemeinsam ein Legesystem, individuell gestaltet und passend zur jeweiligen Frage. Beim Aufdecken der Karten animierte ich die Klienten dazu, sich auf das eigene Gefühl zu verlassen, das die Karte in ihnen auslöste, und einen Zusammenhang zu ihrer Frage herzustellen. Das war für viele nicht einfach. Interessanterweise blieben vor allem die Frauen in Bewertungen hängen. Den Männern gelang durch den visuellen Reiz des Bildes der Zugang zur inneren Ebene überraschend schnell. Ich stellte nur ab und zu ein paar Fragen oder ermunterte sie, zu beschreiben, was auf dem Bild zu sehen war. Dann machte es plötzlich klick! Mein Gegenüber schaute mich verwundert an und meinte: »Das ist ja ganz klar, was ich tun muss, eigentlich wusste ich das schon ...«

Darin lag das Geheimnis: zu erkennen, dass die Antwort in einem selbst vorhanden war. Dieser Weg zeigte sich stets als der nachhaltigere, weil nichts von außen übergestülpt wurde. Auch für mich persönlich blieben die Tarotkarten noch lange treue Begleiter in allen Lebenslagen, um diesen inneren Dialog weiter zu pflegen und zu verfeinern.

DAS JENSEITS UND DER KNOTEN IN MEINEM KARMA

Ein Patchworkteppich aus Wasser und Land breitet sich vor mir aus. Er gehört zu Uist, einer zerklüfteten Inselkette der Äußeren Hebriden in Schottland, die einzig durch die zahlreichen Fahrdämme zusammengehalten wird. Während der Fahrt von Benbecula in Richtung Süden schweift mein Blick über das beinah flache Gebiet, welches weitgehend aus Felsen, weißen Stränden, Grasflächen und Moorlandschaften besteht. Das Meer bleibt dabei fast immer in Sichtweite. Die Äußeren Hebriden üben einen anderen Sog auf mich aus als die Inneren oder das Festland. Hier ist es noch einsamer, der Himmel noch näher, die Landschaft noch karger. Selbstverständlich fehlen auch die weißen Wollknäuel auf vier Beinen nicht. Einmal mehr fällt mir auf, dass fast überall in Schottland die Zäune nicht um die Schafe, sondern um die Häuser gebaut werden. Die Bewegungsfreiheit der Tiere wird somit nur durch natürliche Grenzen wie Klippen, Wasser oder Sumpfland eingeschränkt.

Bei der neun Meter hohen Marienstatue aus weißem Granit, nahe den Hängen des Ruabhal, lege ich einen Zwischenstopp ein. Our Lady of the Isles, die keltische Gottesmutter mit

Jesuskind, wurde nicht ohne Grund in den fünfziger Jahren an dieser Stelle platziert. Ihr eindringlicher Blick richtet sich auf jenen Küstenstrich, an dem einst ein weitläufiger Raketenstützpunkt geplant war, welcher bei den Inselbewohnern auf große Ablehnung stieß. Man befürchtete Landenteignungen, Zerstörung der Natur und den endgültigen Untergang der gälischen Kultur und Sprache. Unterstützt von der Bevölkerung und der Kirche, hatten daraufhin der Priester John Morrison und der Bildhauer Hew Lorimer mit der Lady of the Isles ein sichtbares, wenn auch stummes Zeichen des Widerstandes gegen diese Bedrohung gesetzt. Mit Erfolg. Die Großanlage reduzierte sich in ihrer tatsächlichen Ausführung auf ein überschaubares Raketentestgelände, welches mittlerweile ein eher verwaistes Dasein fristet, während die imposante Marienstatue noch heute daran erinnert, dass dieses Land unter einem höheren Schutz steht.

Zu den katholischen Heiligen ebenso wie zur Marienverehrung habe ich eine zwiespältige Beziehung. Schließlich bin ich reformiert, dank Martin Luther brauchen »wir« keine Vermittlungsstelle. Und doch wird die Hoffnung vieler Menschen, die die Schutzpatrone oder eben die Gottesmutter anrufen, oft belohnt. Der Glaube, dass (a) eine jenseitige, nichtsichtbare Sphäre existiert und (b) diese in der irdischen Welt positiv wirken kann, vermag durchaus Berge (oder Raketenstützpunkte) zu versetzen. Wenn ich vor der Statue stehe, glaube ich fast körperlich zu spüren, wie viel von dieser Geisteshaltung in den weißen Granit gemeißelt wurde.

Hier, bei der steinernen Maria mit Jesuskind, wird mir erneut bewusst, wie sehr ich mich selbst danach sehne, Himmel und Erde zu verbinden, wenn auch nicht als Pfarrerin. Was ebenfalls aufkeimt, ist der Wunsch, dies sichtbar zu tun und nicht mehr im stillen Kämmerlein. Ich möchte anderen mitteilen, wie das Unsichtbare in unsere Welt hineinwirkt. Mein Blick schweift in die Ferne aufs Meer, meine Ohren lauschen dem vertrauten Geräusch, wie die um mich herum weidenden Schafe energisch das Gras ausrupfen.

Zurück im Alltag, verflogen die großen Sehnsüchte und Visionen relativ schnell. Kein Wunder, wenn das dramaturgisch passende schottische Ambiente fehlte. So nebenher ein bisschen spirituell sein reichte eigentlich. Vor allem wollte ich meine berufliche Karriere im Auge behalten. Irgendwer oder irgendetwas schien das nicht ganz so zu sehen, und ich erhielt wieder eine recht klare Ansage. Diesmal nicht in Form meiner altbekannten inneren Stimme, sondern von zwei Menschen, mit denen ich zusammenarbeitete. Unabhängig voneinander, aber mit ähnlichem Inhalt meinten sie: »Du weißt schon, dass dieser Job nicht das Richtige für dich ist? Du musst was Spirituelles machen.« Und: »Weißt du eigentlich, dass du die Fähigkeiten einer Heilerin oder eines Mediums hast?« What?

Trotz meiner ersten Irritation ließen mich die Worte meiner Kollegen nicht mehr los, ich wollte Näheres zu dieser Tätigkeit erfahren und meldete mich kurz entschlossen bei einem empfohlenen Medium an. Ich war verblüfft und gleichzeitig tief beeindruckt, was diese Frau über mich wusste, obwohl ich sie noch nie zuvor gesehen hatte. Anscheinend konnte sie Verstorbene wahrnehmen oder auch andere Wesen, die jederzeit um uns Menschen herum sind. Sie beschrieb zudem sehr ausführlich meinen »Geistführer«. Bis dato hatte ich nichts von einer solchen Begleitung gewusst, die, wie ich erfuhr, jeder Mensch haben sollte. An Schutzengel glaubte ich schon irgendwie, aber nicht an ein Wesen, das mich eigens ausgesucht hätte, um während meines menschlichen Daseins an meiner Seite zu bleiben. Trotz meiner Skepsis fand ich die Vorstellung nicht uninteressant. Vor allem wirkte mein »Geistführer« der Beschreibung nach recht europäisch, was mich angesichts meines Herkunftslandes überraschte. Tatsächlich hatte er Ähnlichkeit mit einem keltischen Druiden. Ob es mich deshalb immerzu nach Schottland zog?

Die Sitzung endete mit dem Hinweis des Mediums, ich sei stark medial veranlagt, könne also Verstorbene und Geistwesen ebenfalls sehen und täte gut daran, diese Fähigkeiten auszubilden, um anderen Menschen zu helfen. Ich war keinesfalls sicher, ob ich das überhaupt wollte. Das heißt helfen schon, aber war ich bereit, mein bisheriges Glaubensverständnis zurückzulassen? Dieses neue spirituelle Konzept ließ sich noch nicht so ganz mit meinen (reformierten) christlichen Wurzeln vereinbaren. Indessen war ein Teil von mir bereits angezündet. Genau das wollte ich doch, eine Brücke sein zwischen Himmel und Erde, zwischen sichtbar und unsichtbar. Wozu sonst sollte ich Engelsflügel haben?

Ich wollte dieser neuen Option auf den Grund gehen und besuchte vier Einführungstage an der Fachschule für Medialität in Bern. Es erstaunte mich, was alles möglich war. Über meine Feinfühligkeit wusste ich spätestens seit der HSP-Erkenntnis Bescheid. Doch nun würde ich diese Fähigkeit konkret, sozusagen auf Abruf nutzen können. Beispielsweise genügte es, den Gegenstand einer mir unbekannten Person zu berühren, und ihr ganzes Haus mit Garten zeigte sich mir als inneres Bild. Dabei tauchten mitunter ulkige Details auf, die ich mich beim anschließenden Gespräch mit der Übungsperson erst gar nicht anzusprechen getraute. Bestimmt hatte ich mich geirrt, und die Frau würde denken, ich hätte mir da etwas zusammengesponnen. Weit gefehlt, sie war hoch erfreut, dass ihre kreativen Dekorationsideen auf der feinstofflichen Ebene einen solchen Eindruck hinterließen.

Als ich zum ersten Mal jemandem die Hände auflegte, spürte ich eine kribbelnde Energie durch mich hindurch zu der anderen Person fließen. Ich war hin- und hergerissen zwischen Faszination und Zweifel (das hat bestimmt nichts mit mir zu tun und ist bloß Zufall). Wahrscheinlich war dieser Zwiespalt in meiner Aura sichtbar, jedenfalls nahm mich in der Mittagspause eine der Lehrerinnen beiseite und erklärte mir, wie begabt ich im spirituellen Heilen sei. Mit meinen Fähigkeiten würde ich vielen Menschen helfen können. Boing! Da war er wieder, der Mose-Komplex. Also erst mal dankend ablehnen und nach Ausreden suchen. Aber es gab ja auch die Prophezeiung aus dem Gottesdienst. Sollte das geistige Heilen mein langersehntes Wirkungsfeld werden? Ich zögerte, und gleichzeitig wäre ich am liebsten losgaloppiert. Mit einer zuerst noch verhaltenen Neugier schaute ich mich in dieser »spirituellen Szene« um, las mich durch die Bücherregale und trainierte meine sensitiven Fähigkeiten mit erstaunlichem Erfolg. Beim Vortrag eines geistigen Heilers wurde ich unter achtzig Teilnehmenden herausgepickt und erneut über mein großes Talent aufgeklärt. Wie viele brennende Dornbüsche brauchte ich wohl noch, um meine Zweifel zu zerstreuen? Alle Signale standen auf Grün. Und so meldete ich mich schließlich für die mehrjährige Ausbildung als Medium und spirituelle Heilerin an.

Währenddessen bekam ich erstmalig die Gelegenheit, mich eingehend mit dem englischen Spiritismus zu befassen. Nicht alles war mir geheuer, einiges schien mir recht kompliziert im Vergleich zu meiner bisherigen sehr direkten Art, mit Gott zu kommunizieren. Anderes fühlte sich an wie ein Heimspiel, zum Beispiel wenn es darum ging, die Menschen von einem Leben nach dem Tod zu überzeugen. Cool, endlich wurde aus diesem Thema kein Tabu mehr gemacht. Die Vorstellung, als »Medium« zwischen der unsichtbaren und der sichtbaren Welt zu vermitteln, behagte mir sehr. Zwar sah ich die Ewigkeit etwas anders. Sie folgt nicht erst auf ein gelebtes Leben, sondern ist bereits ein Teil davon. Aber wer will schon so pingelig sein? Mir bedeutete es viel mehr, offen über jenseitige Dinge sprechen zu können, ohne schief angeschaut zu werden.

Obwohl ich mit dem Thema Tod überhaupt nicht fremdelte, musste ich mich erst an die Vorstellung gewöhnen, tote Menschen zu »sehen« und zu spüren. Das sind ja keine Knochengestelle, die durch die Gegend klappern, sondern sie zeigen sich als ganz normale Menschen. Es würde an dieser Stelle zu weit führen, die Technik eines Jenseitskontaktes detailliert zu schildern. Doch es war sehr berührend, eine Person so genau beschreiben und spüren zu können, dass die Klienten darin ihre verstorbenen Verwandten oder Freunde wiedererkannten und keine Zweifel mehr hatten, dass tatsächlich die Mutter oder der geliebte Partner »da« waren. Besonders die unterschiedlichen Charaktereigenschaften faszinierten mich. Einmal konnte ich mich kaum halten vor Lachen, weil der Verstorbene andauernd Faxen machte, was er auch zu Lebzeiten getan hatte. Ein andermal spürte ich eine tiefe Bösartigkeit und getraute mich gar nicht, das meinem Gegenüber zu sagen, schließlich wollte ich niemanden verletzen. Als ich später damit herausrückte, erhielt ich die erlösende Antwort: »Jetzt bin ich sicher, dass du Kontakt mit meiner Tante hast. Sie war wirklich böse.« Es stellte sich heraus, dass die besagte Frau es wohl nie böse gemeint hatte, sie bloß nicht imstande war, sich anders auszudrücken.

Mich zog es von Anfang an mehr zum geistigen Heilen als zu den Jenseitskontakten, bei denen ich immer sehr viel sprechen musste. Da ich bisher das Geistige vor allem in der Stille wahrgenommen hatte, wollte ich diese Energie in der Stille weitergeben. Das Handauflegen empfand ich rein als Geste wunderschön und in seiner Schlichtheit äußerst wirksam. Ich lernte, mich als Person zurückzunehmen und so zu einem unvoreingenommenen Kanal zu werden, durch den die göttliche Kraft zu einem anderen Menschen fließen und dort dessen Selbstheilungskräfte anregen konnte. Niemals ging Energie von mir direkt weg, vielmehr ging sie ausschließlich durch mich hindurch. Das fühlte sich auch für mich sehr heilsam an.

Besonders prägend für mich und meinen weiteren spirituellen Weg war das Sitzen in der Stille. Wir praktizierten dies an jedem Ausbildungstag oder Zirkelabend eine Stunde lang. Und zwar ganz simpel auf einem Stuhl, ohne komplizierte Verknotung der Beine wie beim yogischen Meditieren. Ich musste lediglich die Augen schließen und möglichst leer werden. Während dieser Zeit konnte die »geistige Welt« an mir arbeiten, meine Sensitivität verfeinern, von meinem Ego ein bisschen die Luft rauslassen und mich auf die Arbeit mit meiner »geistigen Führung« einstimmen. Schließlich war es mein »Geistführer«, welcher zwischen Diesseits und Jenseits vermittelte oder die heilende Energie lenkte. Diese Verbindung musste sich erst einstellen und immer weiter vertiefen. Während des Sitzens war bei mir auf der körperlichen Ebene oft recht viel los. Meistens spürte ich unterschiedliche Temperaturen um mich herum, wie zum Beispiel einen kühlen Windhauch, der mir übers Gesicht strich, obwohl nirgends ein Fenster offen stand. Manchmal wurde mir übel, oder es kribbelte am ganzen Körper, und die Hände wurden heiß. Tatsächlich schien etwas oder jemand an mir zu »werkeln«.

Unsere Hausaufgabe bestand darin, täglich eine Stunde lang für die »geistige Welt« zu sitzen. Diese Aufgabe war für mich wegweisend, ich nahm sie sehr ernst und ließ kaum einen Tag aus, egal ob ich Urlaub hatte oder erst spätabends heimkam. Diese Momente in der Stille näherten sich immer mehr jenen Empfindungen an, die ich aus meiner Kindheit kannte. Ich bekam wieder Zugang zur puren, pulsierenden Lebensenergie. Nach meinem Fokus auf die berufliche Karriere im Außen ein wohliges Heimkommen in vertraute Gefilde.

An der Fachschule beschäftigte ich mich ebenfalls zum ersten Mal eingehend mit der Reinkarnationslehre. Früher war ich von der christlichen Vorstellung ausgegangen, ein einziges Leben zu haben und nach dem Tod als Seele in der göttlichen Gegenwart weiterzuleben. Mit den Blicken durch das Fenster in die Ewigkeit verlor sich der lineare Ablauf, das Ewige spürte ich bereits im Leben. Trotzdem hatte ich noch den Anspruch, in meiner Zeit auf Erden nicht allzu viel Blödsinn anzustellen und eine gute Christin zu sein. Um das ewige Leben zu erreichen, hatte jeder schließlich nur eine einzige Chance, und es kam alles darauf an, sich schon im Diesseits so gut wie möglich zu betragen. Beim Glauben an die Wiedergeburt entfällt dieser Druck. Da gibt's Chancen en masse. Frei nach dem Motto »Wenn du's jetzt nicht schaffst, dann erledigst du das im nächsten Leben«. Oder wenn dich etwas angurkt, lass es sein, es kommt im nächsten Leben abermals vorbei, und du kümmerst dich dann drum, idealerweise bist du bis dahin eh etwas gescheiter. Eine Zeit lang fand ich diese Vorstellung sehr verlockend. Erfolg oder Misserfolg spielten keine Rolle, nach Tausenden von Versuchen wird es schon irgendwann klappen, à la »Auch ein blindes Huhn findet mal ein Korn«. Ha, wenn das der Mose beim brennenden Dornbusch gesagt hätte: »Och, ich soll wen befreien? Mache ich im nächsten Leben, da kannst du, Gott, voll auf mich zählen. Jetzt lass mich bei meinem Weib und meinen Kindern in der Wüste bleiben.«

Während ich die Reinkarnationsthematik durchdachte, merkte ich, dass ich ein ganz anderes Problem hatte: Ich wollte gar nicht nochmals auf diese Erde kommen! Nicht weil es hier keinen Spaß machte, ich hatte einfach keinen Bock darauf, mich erneut in ein menschliches Kostüm zwängen zu müssen (mein zweiter Vorname war immer noch Programm). Nach diesem Leben wollte ich ausgiebig meine Flügel putzen und vor allem benutzen. Diese

Gedanken behielt ich freilich schön für mich. Denn die Reinkarnation war ein wichtiger Teil in der Medialität und im geistigen Heilen, wenn nicht sogar deren Grundlage. Dem englischen Spiritismus zufolge waren »Geistführer« allesamt einmal Menschen, die sich durch Tausende von Inkarnationen so weit entwickelt haben, dass sie frei von Blockaden, Mustern oder einer irdischen Anhaftung sind. Als »erleuchtete Seele« einem Menschen zur Seite zu stehen, stellt für sie einen weiteren Entwicklungsschritt dar. Da ich die Präsenz meines »Geistführers« oft sehr real wahrnahm, brachte mich meine skeptische Haltung zur Wiedergeburt in ein Dilemma. Würde ich sie infrage stellen, müsste ich folglich meinen »Geistführer« gleichfalls verneinen. Und das wollte ich damals auf keinen Fall.

Überdies kommt die Reinkarnation nie allein, sie hat immer auch das Karma im Schlepptau. Ebenfalls ein für mich neues Konzept. Also nicht das Thema Ursache und Wirkung an sich, das kannte ich ja aus dem Christentum (was du säst, wirst du ernten). Mich überforderte die Komplexität mit den vorherigen und den nachfolgenden Leben: Ich bin hier, weil mein früheres Karma mich zu dem gemacht hat, was ich jetzt bin. Und alles, was ich jetzt tue oder lasse (oder denke), wird mein nächstes Leben beeinflussen. Mist. Das ist viel komplizierter als im Neuen Testament (da soll ich nur Gott lieben und meine Mitmenschen wie mich selbst). Aber hier stehen massenhaft Karma-Fettnäpfchen herum, das wird ein regelrechter Eiertanz. Mir wird erklärt, dass alles Karma aufgelöst werden muss. Es gibt gutes und schlechtes Karma, aha, so wie bei der Milchbüchleinrechnung, Plus und Minus. Am Ende soll alles mindestens auf null stehen oder, noch besser, das positive Karma überwiegen. Huch, ich habe den Karmaspeicher aus dem vorherigen Leben vergessen. Und Obacht, meine Gedanken sind eine wahre Karmafabrik, die mehr Karma herstellen, als ich vernichten kann. Karma mit Langzeitwirkung ist auch nicht optimal, da spüre ich das Resultat erst zig Leben später. Der Fall ist klar, ich muss in die Karmaanalyse (vielleicht gleich noch ins Karma-Yoga).

Verzeihung für die Ironie, Karma ist an sich eine sehr ernste Angelegenheit mit einer uralten Tradition, viel älter als das Christentum. Mich belustigt der (vor allem westlich geprägte) Wildwuchs an Theorien, Interpretationen und Maßnahmen.

In einer spirituellen Beratung hat mir einmal jemand gesagt, ich hätte einen Knoten in meinem Karma, also irgendetwas Schweres aus einem früheren Leben. Das gab mir zu denken. Aber hätte ich mich in dem Fall nicht sehr schlecht fühlen müssen? Und warum spürte ich gerade das Gegenteil, nämlich Leichtigkeit? Ich fragte gar nicht mehr nach, wie dieser Knoten zu lösen sei. Die Antwort hätte mir bestimmt nicht gefallen.

Mein Fazit: Das Karma war nichts für mich. Wahrscheinlich, weil es mir zu gutging. Es mag superpraktisch sein, um irgendwem oder irgendetwas im Universum die

Schuld dafür zu geben, dass es einem schlechtgeht. Mein Widerstand gegen dieses Abschieben von Verantwortung erinnerte mich wieder daran, was die Tarotkarte mit den zehn Schwertern mich gelehrt hatte: Ich bin dem Schicksal nicht ausgeliefert, ich kann den Spieß umdrehen. Da kann mir das Karma noch lange eins überbraten.

Im spirituellen Heilen fühlte ich mich trotz einiger konzeptioneller Vorbehalte sehr gut aufgehoben. Es ging nicht mehr nur um mein eigenes Befinden, meine eigene Erfahrung, sondern ich durfte etwas weitergeben, was anderen Heilung schenkte. Nicht das Kreisen um mich selbst, sondern das heilende Wirken im Außen stand im Zentrum. Menschen aus meinem Umfeld begannen sich dafür zu interessieren, was ich da machte (wenn ich den Mut aufbrachte, überhaupt etwas in diese Richtung anzutönen). Plötzlich wurde mir deutlich, weshalb ich die Ausbildung zur Naturheilpraktikerin abgebrochen hatte. Ich wollte nicht den Körper heilen, sondern über den Geist die Selbstheilungskräfte der betroffenen Person in Gang bringen. Der englische Heiler Harry James Edwards wurde mein Vorbild. Ich las seine Bücher, und in mir entstand die Vision, einmal ein Haus der Heilung zu führen, so wie das Harry Edwards Healing Sanctuary, natürlich in Schottland. Angespornt von diesem großen Traum, startete ich mit einem ersten Schritt und mietete einen Praxisraum. Voller Zuversicht wagte ich eine erneute Selbstständigkeit, zuerst noch abgesichert durch eine 50%-Anstellung, später dann mit komplettem Einsatz. Ich war zutiefst davon überzeugt, nun am Ziel zu sein und für den inneren Mose eine Aufgabe gefunden zu haben.

VON BENGALISCHEN STREICHHÖLZERN UND ANDEREN ERLEUCHTUNGEN

Ich muss mich entscheiden. Sofort. Oder zumindest in den nächsten zehn Minuten. Konzentriert versuche ich, die Wetterlage abzuschätzen. Nicht so einfach, da das Fenster vom Bed and Breakfast in Portree auf der Insel Skye genau in die falsche Himmelsrichtung zeigt. Bis gerade eben hat es noch in Strömen geregnet, und ich habe mich auf einen gemütlichen Vormittag mit einem Buch eingestellt. Doch mit einem Mal scheint die Sonne und hat die Wolken vertrieben. In ein paar Minuten fährt mein Bus, der mich zum Old Man of Storr bringen soll, zur wohl berühmtesten Felsformation in ganz Schottland. Okay, ich riskiere es und überlege, was ich einpacken muss: Fotoapparat, Ausweis, ein paar Pfundnoten, Busticket, sicherheitshalber die Stirnlampe (es ist im Winter bereits am Nachmittag dämmrig) und natürlich mein Regenzeug. Und los geht's. Nach einigen Metern auf dem Weg zur Haltestelle fällt mir auf, dass ich mein Handy vergessen habe. Ich bin allein unterwegs, da ist es keine schlechte Idee, sich bemerkbar machen zu können. Überdies gibt es im Januar kaum Touristen. Jetzt wird's knapp, aber ich schaffe es auf den Bus.

Etwa zehn Kilometer später steige ich aus, und die Sonne ist hinter einer Nebeldecke verschwunden. Mist. Die etwas mehr als 300 Höhenmeter nimmt man vor allem wegen der Aussicht in Kauf. Und wo hat sich diese meistfotografierte, achtundvierzig Meter hohe Felsnadel versteckt? Auch sie wurde anscheinend vom milchigen Dunst verschluckt. Na ja. Der Weg nach oben sieht ausgebaut und trittsicher aus, verirren werde ich mich nicht. Nebelwandern hat schließlich etwas für sich. Zu gerne lasse ich mich von den schemenhaften Umrissen der Büsche, Baumstümpfe und ulkigen Felsformen erschrecken. Die Schafe wirken im Nebel viel fluffiger, als wären sie aus Watte. Im oberen Teil löst sich der Weg überraschend auf und verzweigt sich in schmale Tierpfade. Für einen Moment vermisse ich die zuverlässigen gelben Schildchen der Schweizer Wanderwege. Inzwischen haben mich die weißen Schwaden vollkommen umhüllt, meine Haare werden feucht, und ich setze die Mütze auf. Vom Gefühl her müsste der Old Man of Storr rechts liegen, aber weit und breit ist nichts von ihm zu sehen. Ich folge meiner Intuition.

Völlig unerwartet fegt mir nach einer Wegbiegung ein scharfer Wind ins Gesicht. Der Nebel beginnt sich langsam zu lichten, und dann steht er direkt vor mir, leicht erhöht auf einem Hügel: ein überdimensionaler Hinkelstein, wie von Obelix höchstpersönlich dort abgeliefert. Durch meine anfängliche Orientierungslosigkeit wirkt er noch viel imposanter, wie er da unverhofft, mächtig und uralt aus dem Nichts auftaucht. Der alte Mann aus Stein rührt etwas in mir an: Auch wenn ich ihn zuerst nicht sehen konnte, habe ich seine Energie durch den dichten Schleier gespürt (ich leiste Abbitte bei all denjenigen, denen das etwas zu esoterisch klingt, ich kann es nicht anders beschreiben). Wie eine Kompassnadel hat sie mir die richtige Richtung gewiesen. Dieses Gefühl, von etwas Unsichtbarem angezogen zu werden, habe ich schon länger vermisst. Schön, dass es wieder da ist.

Eines steht fest: Würde ich einen Reiseführer verfassen, wäre meine Empfehlung, den Old Man of Storr nur bei Nebel zu besuchen. Der Effekt ist weniger als halb so beeindruckend, wenn man die Felsnadel schon von Weitem sieht und einfach darauf zuwandert.

Der Wind nimmt innert Minuten an Kraft zu und verbläst die letzten Nebelfetzen. Beim Gehen beuge ich mich regelrecht nach vorne, um nicht umgeweht zu werden. Ob sinnvoll oder nicht, mich zieht es nach oben, bis an den Fuß des Hinkelstein-Felsens. Der Weg hinauf scheint in einer Art Windkanal zu liegen, ich muss auf allen vieren hochkraxeln, aufrecht gehen ist unmöglich. Dafür werde ich mit einer bombastischen Aussicht belohnt, gekrönt von einem atemberaubenden Gefühl von Freiheit, Unendlichkeit und einer wohligen Einsamkeit, nirgends ist eine Menschenseele zu sehen.

Ich erkunde die weitere Umgebung, bis der Nebel wieder zurückkehrt. Den richtigen Einstieg nach unten will ich keinesfalls verpassen, sonst müsste doch noch die Stirnlampe zum Einsatz kommen. Beim Warten auf den Bus fröstelt es mich etwas. Der Wind fühlte sich oben nicht kalt an, er scheint jedoch ein Schlupfloch in meinen Körper gefunden zu haben. Zurück in Portree und nach einer heißen Dusche blicke ich zum Fenster hinaus. Es regnet in Strömen. Glück gehabt.

Noch während der Ausbildung an der Fachschule für Medialität lichtete sich auch bei mir der Nebel, und etwas Unerwartetes und zugleich Vertrautes zeigte sich. Stephen Smith unterrichtete an zwei Wochenenden an der Schule. Er ist ein Trancemedium und Heiler aus England mit drei Jahrzehnten Erfahrung. Am ersten Unterrichtstag sprach er mehrfach von Yogananda und dessen *Autobiographie eines Yogi.* Ich ahnte, dass das mir schon bekannte Guruthema abermals auf den Tisch kam, und verdrehte innerlich die Augen. Nach der Taroterkenntnis über meinen inneren Guru glaubte ich, diese Angelegenheit für mich bereits abgehakt zu haben. Ich horchte jedoch auf, als Stephen erklärte, dass ein spiritueller Meister immer dann auftauche, wenn es die geistige Entwicklung erfordere und nicht wenn man nach ihm suche. Diese Aussage und die vielen Informationen über den Yogi machten mich neugierig, sodass ich während der Mittagspause in der Buchhandlung nach besagter Lektüre fragte. Wie so oft ließ ich mich zunächst von Äußerlichkeiten abschrecken. Das Cover zeigte sich farblich im typischen Guruorange, dann dieser Inder mit den langen, gewellten dunklen Haaren, verklärten Augen und einem sanften Lächeln auf den Lippen. Manno, ich mag keine Klischees. Schnell stellte ich das Buch zurück ins Regal. Am nächsten Kurstag erzählte Stephen erneut ein paar Anekdoten aus dem Gurubuch, und die gingen mir unter die Haut. Zudem erwähnte er beiläufig, dass er für den heutigen Tag die Tarotkarte »Die Sonne« gezogen hatte, genau wie ich. In jener spirituellen Phase existierten für mich keine Zufälle, hinter jeder Begegnung oder Aussage erahnte ich ein verstecktes Zeichen, einen Hinweis oder auch nur einen freundlichen Gruß aus höheren Sphären. So war mir am Ende des Seminars klar: Ich sollte das Yogibuch wohl doch lesen.

Am Montag beeilte ich mich, wieder in die Buchhandlung zu kommen. Inzwischen wusste ich durch meine Recherche, dass Persönlichkeiten wie der Apple-Gründer Steve Jobs und der Beatle George Harrison sehr viel von diesem Buch hielten. Das beruhigte mich etwas, waren das doch ebenfalls weltlich zugewandte Menschen.

Die *Autobiographie eines Yogi* bewegte mein Herz auf eine tiefe und kaum zu beschreibende Art und Weise. Paramahansa Yogananda und ich hatten beide bengalische Wurzeln. Anders als vermutlich bei den meisten europäischen Leserinnen und Lesern spürte ich eine fast archaische Verbindung zu ihm. Beim Lesen fühlte ich mich wie auf einer Reise in mein Herkunftsland. Das, was schon immer ein selbstverständlicher Teil von mir war, erhielt ein neues Gewicht. Meine physische Herkunft hatte ich akzeptiert und integriert. Doch nun erkannte ich, dass ich die geistig-seelische Ebene bisher überhaupt nicht beachtet hatte. Ich fand so viele Parallelen zu Yogananda. Die Sehnsucht nach der Gotteserfahrung und dem Einssein, mystische Erlebnisse (ähnlich wie meine Blicke durch das Fenster in die Ewigkeit), der Wunsch, eine Balance zu finden zwischen Himmel und Erde, Innen und Außen. Zum Teil standen hier wortwörtlich Gedanken, die ich auch in meinen Tagebüchern notiert hatte und für die ich mich immer noch etwas schämte, weil sie von einem Hauch Verrücktheit umgeben waren. Welch eine Befreiung, sich nicht mehr seltsam zu fühlen!

Eine echte Erleuchtung war für mich die Verbindung von Hinduismus und Christentum. Denn ein Inder, ein Hindu, zeigte mir den christlichen Glauben so, wie ich ihn mir immer ersehnt hatte: ohne den institutionellen Überbau, ohne Dogma, dafür mit unglaublicher Kraft und gleichzeitiger Leichtigkeit. Ich verschlang Yoganandas Kommentare zum Neuen Testament. Bibelstellen, die ich in- und auswendig kannte, erschienen in einem anderen Licht, was sich für mich sehr wahr und von jeher sehr vertraut anfühlte. Endlich fand jemand die Worte, nach denen ich so lange vergeblich gesucht hatte. Der indische Yogi ließ mich meinen »westlichen« Jesus auf eine neue Weise erfahren.

Eine Zeit lang war Paramahansa Yogananda der Guru, nach dem ich Ausschau gehalten hatte. Wenngleich er

1952 verstorben war, fühlte ich seine Präsenz sehr stark. Ich meldete mich für die Studienbriefe der Self-Realization Fellowship an, einer von ihm gegründeten Organisation. Darin waren Meditationstechniken, Atem- und Körperübungen und die geistige Schulung ganz im Sinne des Kriya-Yoga enthalten. Diese Yogarichtung zielt darauf ab, Begrenzungen auf spiritueller und körperlicher Ebene zu beseitigen, um in den ursprünglichen Zustand des Einheitsbewusstseins zurückzufinden. Den für mich vorher eher negativ besetzten Ausdruck der Selbstverwirklichung lernte ich aus einem anderen Blickwinkel zu betrachten. Hier war damit nicht die Verherrlichung des Egos gemeint, das sich aufplustern will, im Gegenteil. Das Ich entsteht aus einer übergeordneten Ganzheit heraus, Yogananda nennt dies das Selbst (oder das Göttliche). Dieses Selbst ist mit dem Ozean vergleichbar, das Ich mit einer einzelnen Welle. Aus menschlicher Perspektive bin ich davon überzeugt, nur die Welle, also das Ich zu sein. Zu erkennen, dass ich auch das Selbst, der Ozean bin, bedeutet, das Selbst zu verwirklichen. Das Bewusstsein über die Doppelnatur des Menschen kann Erleuchtung genannt werden.

Wie hatte ich mich danach gesehnt, mich mit frischen Impulsen in dieses Thema hineinfallen zu lassen! Auf wundersame Weise ließ sich mein Herkunftsland nun auch als spirituelle Heimat integrieren. Eine weitere Bestätigung, hier andocken zu können, ohne dass ich mich an einen anderen Ort begeben musste. Nach wie vor fehlte bei mir der innere Antrieb, nach Indien und Bangladesch zu reisen. Es war das erneute Ankommen in mir selbst, das zählte.

Mein Bewusstsein schien Marathon zu laufen. Unermüdlich lüftete sich Schleier um Schleier. Aus ersten frühen Ahnungen über das Menschsein, über Gott und die Welt, für die ich seit meiner Kindheit keine Worte fand, entstand nun Klarheit. Alles fügte sich zu einem Bild zusammen, lose Enden wurden verknüpft, Zusammenhänge klärten sich. Ich vertiefte mich in die *Bhagavad Gita,* eine der zentralen heiligen Schriften des Hinduismus, selbstverständlich mit ausführlichem Kommentar von Paramahansa Yogananda, sodass ein westlich geprägter Mensch ebenfalls Zugang fand. In dieser uralten indischen Schrift las ich Aussagen, die mit der Bibel identisch sind und Parallelen zur christlichen Mystik aufweisen, insbesondere zu den Predigten von Meister Eckhart. Auch hier schloss sich ein Kreis.

Ich glaubte, meine spirituelle Suche sei zu Ende und der virtuelle Guru Yogananda bleibe nun immer an meiner Seite. Da hatte ich mich gründlich getäuscht. Wie es sich für einen echten indischen Guru gehört, verschwindet er, wenn es an der Zeit ist, dass sich der Schüler oder die Schülerin ohne Beistand dem Leben stellt. Manchmal kehrt er zurück, manchmal nicht, so wie bei mir. Ich war wieder allein. Um die Leere an meiner Seite zu verdrängen, hielt ich noch lange an den Ritualen fest, der Atemtechnik, den Mantras, der Meditation, dem Studium der *Bhagavad Gita.*

Doch diese allein reichten nicht aus, um das innere Feuer weiterbrenne

Hinzu kam, dass sich meine neu eröffnete Praxis für spirituelles Heilen nicht so entwickelte, wie ich mir das vorgestellt hatte. Das durch Kriya-Yoga erlangte Bewusstsein verdrängte mehr und mehr den englischen Spiritismus, der für diese Form des Heilens so grundlegend war. Mein Fokus hatte sich verändert, und ich verlor das Interesse an diesem Konzept. Und so etwas wirkt sich schlecht aufs Marketing aus. Ich kann niemandem etwas verkaufen, wenn ich nicht zu hundert Prozent dahinterstehe. Zwar konnte ich den Menschen mit Handauflegen immer noch helfen, doch ich fühlte mich dabei, als würde ich lediglich ein Pflaster über ihre Wunden legen. Mochte das die Beschwerden lindern oder sie sogar verschwinden lassen, es änderte nichts an der Ursache.

Ich war davon überzeugt: Alles Übel stammt aus der Identifikation mit dem Ego, dem Körper, den Gedanken und Gefühlen. Um zur wahren Lebensenergie vorzudringen und sie wie im Kriya-Yoga zu beherrschen, mussten diese Anhaftungen erst gelöst werden. Die Leute, die zu mir in die Praxis kamen, wollten hingegen ihre Migräne loswerden, das Immunsystem stärken oder sich einfach in der göttlichen Energie aufgehoben fühlen. Irgendwelche verklebten Egostrukturen interessierten sie nicht. Aber genau darum ging es mir, ich wollte die Menschen wachrütteln.

Der englische Heiler hatte zwar an jenem Seminar-

wochenende mit einem einzigen bengalischen Streich-
holz, seinem Reden über ein bestimmtes Buch, ein ganzes Feuerwerk an Erleuchtungen entzündet und mir die
spirituelle Heimkehr in mein Herkunftsland ermöglicht.
Gleichzeitig endete damit aber meine eigene Arbeit als
Heilerin. Guru weg, (vermeintliche) Berufung weg. Was
blieb, war der Geruch nach Schwefel und einem Häuf-
chen Asche. Neuerliche Zweifel tauchten auf: Kann und
darf ich Spiritualität überhaupt verkaufen? Ich war der
Meinung, dass dies nicht korrekt sei. Doch allein der Ge-
danke an die Rückkehr in eine Anstellung ließ mich innerlich erschaudern. Neue Ideen mussten her, ich kreierte
Onlinekurse zu den Themen Intuition und Meditation.
Später bildete ich mich in systemisch-lösungsorientierter
Kurzzeitberatung weiter, befasste mich mit dem Ennea-
gramm in Beratungssituationen und besuchte ein Semi-
nar zum Thema Psychopathologie. Nun war ich gerüstet,
Persönlichkeitsentwicklung und Coachings anzubieten,
das klang weniger esoterisch und sollte sich einfacher
verkaufen. Trotzdem stellte sich keine Zufriedenheit ein.
Wieder legte sich der Nebel über meinen Weg. Irgendwo
musste sie doch sein, meine Mission, in der ich über mich
hinauswachsen und vielleicht sogar ein bisschen die Welt
verändern konnte. Noch immer war ich auf der Suche. Das
bedeutete, auf etwas zuzugehen, ohne zu wissen, was es
ist und wo es sich befindet, ähnlich wie auf der nebligen
Wanderung zum Old Man of Storr.

EINMAL KÄSESOUFFLÉ, BITTE!

Meine Augen schweifen über die großzügige Bucht von Oban, einer wuseligen Stadt an der Westküste Schottlands hinter der vorgelagerten Insel Kerrera. Stillstand gibt's hier nicht, ständig ist etwas los. Die Ein- und Ausfahrt der großen Fährschiffe auf die Inneren und Äußeren Hebriden, Fischer- und Segelboote, die Gezeiten, dramatische Stimmungen mit Wolken, Sonne und Meer. Über mehrere Wochen wohne ich in einem kleinen Apartment im obersten Stock. Ein Experiment. Eine Woche Alleingang in Schottland habe ich gut überstanden, aber da war ich dauernd unterwegs. Jetzt gilt es, so etwas wie einen Alltag einzurichten, da ich nicht jeden Tag Ausflüge machen will. Ich kenne meine Tendenz, zu einem Couch-Potato zu verkommen, und die Zeichen dafür stehen günstig: Neben den schottischen Thrillern von Val McDermid habe ich J. R. R. Tolkiens Silmarillion *auf dem Bücherprogramm eingeplant. Gleich zu Beginn meines Aufenthalts hat mich eine Freundin aus der Schweiz für ein paar Tage besucht und die ersten drei Staffeln* Emergency Room *auf DVD mitgebracht, falls mir die Decke auf den Kopf fallen sollte.*

Damit ich gar nicht erst auf die Idee komme, vollkommen zu vergammeln, verordne ich mir täglich mindestens zwei Stunden

Frischluft (nur Fenster öffnen gilt nicht), zwei Liter Wasser und einigermaßen gesundes Essen. Und da liegt schon das Problem: Ich kann nicht kochen. Oder anders gesagt: Ich will nicht kochen, obwohl die Küche im Vergleich zum Rest der Wohnung riesig ist. Ich ernähre mich also vorwiegend von Bananen (gemäß Fachauskunft kann man damit recht lange überleben), Joghurt, massenhaft Chips (ja, die sind nicht so gesund) und süßen Mini-Rolls von Cadbury (auch nicht gesund, aber die gibt's bei uns nicht). Für den Gemüseteil und das warme Gefühl im Bauch verlege ich die Nahrungsaufnahme nach extern. Die Vorurteile gegenüber schottischem Essen habe ich nach so vielen Reisen abgelegt. Fish and Chips in dunklen Pubs sind längst passé. Dort ist es zwar immer noch dunkel, aber die innovative Kulinarik der neuen Generation umso erhellender.

Und so schnuppere ich gerade an einem herrlich duftenden Käsesoufflé. Eine Wohltat für meine Nase, die vor ein paar Stunden arg leiden musste. In einer geistigen Umnachtung hatte ich mir Toastbrot gekauft, für Notfälle sozusagen, dieses dann jedoch vergessen. Verfaultes Brot riecht wirklich, wirklich übel. Nach dessen Entsorgung holte ich die Wäsche aus der Waschmaschine, und die müffelte schlimmer als vorher ... es sei denn, meine Nase hätte sich noch nicht von der Fäulnisattacke in der Küche erholt. Umso mehr genieße ich nun diesen herrlichen Duft von frischem Essen und überbackenem Käse. Ich liebe das Geräusch, wenn ich mit dem Löffel in die goldbraune Kruste steche. Anschließend beobachte ich, wie das Käsesoufflé in sich zusammenfällt. Guten Appetit!

Ich dümpelte mit meinen Coachings vor mich hin und folgte halbherzig ein paar Marketingkoryphäen, die fünfstellige Umsätze in drei Monaten versprachen. Doch wenn das innere Feuer nicht brennt, wird auch der Speck nicht knusprig, welcher die Mäuse locken soll. Mein spiritueller Guru war im Nebel verschwunden, und ich übte mich in Gelassenheit. Keine einfache Sache. Ehrlich gesagt, war ich leicht bis mittelmäßig genervt. Der einst starke innere Antrieb, die Welt von der Wichtigkeit eines spirituellen Lebens zu überzeugen, fühlte sich mehr wie eine Verpflichtung an. Zudem gab es weit und breit keinen Plan, in welcher Form ich dies bewerkstelligen sollte. Glücklicherweise erbarmte sich das Universum endlich: Wie durch ein kleines Wunder (oder dank dem Internet) stieß ich auf eine psychotherapeutische Kurzzeitmethode, welche Konditionierungen aus früheren Lebensphasen »umschult«, um einschränkende Störungen zu beseitigen. Ängste jeglicher Art, psychosomatische Erkrankungen, Depressionen, Schlafstörungen, Süchte und vieles mehr können damit behandelt werden. Dabei kommuniziert der betroffene Mensch direkt mit seinem »höheren Selbst«, um diese Veränderung zu erreichen. Ich leitete lediglich anhand von Fragen und sich wiederholenden Aufforderungen durch einen strukturierten Prozess.

Genau danach suchte ich: Die teilnehmende Person trat auf einer höheren Ebene mit sich selbst in Kontakt, und ich hielt wie beim spirituellen Heilen den Rahmen dazu. Nach einer relativ kurzen Ausbildungszeit und einem Praxisseminar in Magdeburg hatte ich den Ablauf intus. Auf einmal stieg die Nachfrage und mein Terminkalender füllte sich. Die Methode erzielte verblüffende Ergebnisse, und erwies sich für meine Kundinnen und Kunden als sehr befreiend und heilsam. Nun war ich überzeugt, eine für mich passende Wirkungsweise gefunden zu haben, um anderen zu helfen (und dabei obendrein Geld zu verdienen). Doch schon bald meldete sich meine innere Stimme, die leise und sanft eine Ahnung in mir säte, noch nicht am Ziel zu sein. Spielverderberin! Ihre Hartnäckigkeit war mir inzwischen bekannt, und natürlich hatte sie auch dieses Mal recht. Ich spürte, dass meine Überzeugungskraft nachließ und gleichermaßen die Wirksamkeit der Methode. Irgendetwas fehlte, als wäre zu wenig Salz in der Suppe.

Das »Salz« entdeckte ich schließlich in der indischen Advaita-Vedanta-Lehre, was so viel bedeutet wie das Ende des Wissens oder das Erkennen der Non-Dualität. Alles ist eins, und es existiert kein getrenntes oder individuelles Ich. Darüber hatte ich bereits in den Büchern von Yogananda gelesen, allerdings in einer etwas abgemilderten Form. Die Lehren von Yogananda richteten sich an das christlich geprägte amerikanische Publikum der zwanziger Jahre. Ein Teil seiner Arbeit bestand darin, den christlichen Glauben zu öffnen und das universelle Verständnis von Gott zu fördern.

Der Advaita-Vedanta präsentierte sich mir viel radikaler und gleichzeitig sehr logisch. Ich las mich querbeet durch die gängige Literatur von Shankara, Ramana Maharshi und schaute mir zig Satsangvideos mit nunmehr westlichen Gurus an, die mir alle sagten: »Es gibt kein Ich. Das Ich ist eine Illusion. Das Einzige, was existiert, ist Brahman oder das Absolute, das Allumfassende, das göttliche Prinzip, namenlos, formlos und ewig.« Na, das fühlte ich doch schon so, seit ich quasi auf der Welt war. Endlich sagte das mal jemand in der gebotenen Selbstverständlichkeit und Deutlichkeit. Hier war sie, die Einfachheit, nach der ich so lange gesucht hatte. Meine Erfahrungen und Empfindungen, meine Blicke durch das Fenster in die Ewigkeit musste ich nicht mehr weiter infrage stellen. Das war sehr befreiend.

Was ich damals nicht bemerkte: Diese Erkenntnis vollzog sich auf der rein intellektuellen Ebene und hatte also nichts oder wenig mit der ganzheitlichen Erfahrung aus meiner Kindheit zu tun. Mir genügte das, um mich ab sofort erleuchtet zu fühlen. Dabei plusterte sich lediglich mein Ego zu einem spirituellen Käsesoufflé auf. Die Aussage, dass es kein Ich gibt, erschütterte mich nicht im Geringsten. Ich blickte von der Warte meines neu entstandenen spirituellen Egos aus auf das bisherige Ego hinab und fand dieses nun überflüssig und begrenzt, weltlich halt. Was für ein erhabenes Gefühl, nicht mehr auf diese Ebene angewiesen zu sein! Meine Motivation erwachte aufs Neue, mit dieser, wie ich annahm, höheren Form von Spiritualität einen Zweck zu verbinden, etwas zu erreichen. Sofort schrieb ich in meinem Blog, wie großartig ein Leben in der

Non-Dualität sei. Zudem bot ich regelmäßig via Internet geführte Meditationen an, um auch anderen Menschen diese Erfahrung zu ermöglichen. Ich ließ mich dabei von Sri Ramana Maharshi und seiner Frage »Wer bin ich?« zur Selbsterforschung inspirieren.

Zugleich wollte ich mein neues »Wissen« unbedingt in die Kurzzeitmethode einfließen lassen. Doch wie sollte das gehen? Wenn jemand kommt und seine Migräne heilen möchte, hilft ihm die Aussage, dass seine Beschwerden nur eine Illusion seien (schließlich sei sein ganzes Ich nichts als eine Illusion), wenig weiter.

Einmal mehr stieß ich durch Zufall auf eine neue Methode, nämlich die Psychosynthese, welche vom italienischen Psychiater Roberto Assagioli in den zwanziger Jahren entwickelt wurde. Es handelt sich um einen Zweig der transpersonalen Psychologie, die von Persönlichkeiten wie Carl Gustav Jung, Abraham Maslow, Ken Wilber und Viktor Emil Frankl geprägt wurde. Psychologie trifft auf Spiritualität aus West und Ost (insbesondere aus Indien); Übersinnliches, Mystik und Bewusstseinserweiterungen sind darin ebenfalls unter einem Dach vereint. Das Ich wird laut der transpersonalen Psychologie zum Selbst transformiert, geht ein in das All-Eine und löst sich sozusagen auf. Angestrengt versuchte ich, diese Erkenntnisse miteinander zu verbinden, um meinen Kundinnen und Kunden die Therapie besser erklären zu können. Mit der Rückendeckung der Fachleute aus der Psychologie glaubte ich mich auf der sicheren, weil seriösen Seite. Nach einem ausgiebigen Literaturstudium und einem Einführungswochenende in die Psychosynthese stand ich einmal mehr vor der Frage: Soll oder muss ich wirklich eine weitere Ausbildung machen? Hört das denn nie auf? Da merkte ich, wie erschöpft ich war. Ich wollte nur noch aus diesem Hamsterrad aussteigen, in das mich der Wunsch, Spiritualität und Professionalität miteinander zu verbinden, wiederholt hineinzwang. Als ich das Angebot der genialen Kurzzeitmethode von meiner Website entfernte, wusste ich, dass dies unter Umständen das Ende meiner beruflichen Selbstständigkeit bedeuten konnte. Es war mir egal. Meine Flügel waren verklebt von zu schweren Konzepten, ich verlor an Höhe und stürzte schließlich in eine Art spirituellen k. o.

Wie bewusst ich meine nächste Entscheidung traf oder ob ich dies instinktiv zum eigenen Schutz tat, weiß ich nicht mehr. Jedenfalls beendete ich an diesem Punkt meine spirituelle Suche. Von heute auf morgen. Das war's dann. Als würde ich in ein wunderbar aufgegangenes goldbraunes Käsesoufflé stechen. Die Luft war raus. All die Konzepte und Vorstellungen, mit denen ich geglaubt hatte, meine Spiritualität anreichern zu müssen, verloren an Bedeutung für mich. Sie gaben mir keinen Halt mehr. Mein spirituelles Ego fiel erschöpft in sich zusammen. Jahrelang hatte ich versucht, spirituell alles richtig zu machen, und nun löste sich dieses Bedürfnis von einem Augenblick zum nächsten in nichts auf.

DAS DRITTE FENSTER
IN DIE EWIGKEIT

Mir blieb kaum Zeit, mich um mein entkräftetes spirituelles Ego zu kümmern. Praktisch gleichzeitig meldete sich ohne mein Zutun neue Kundschaft, und zwar aus einer gänzlich profanen Ecke. Ich erhielt Anfragen, Websites zu erstellen oder bestehende zu überarbeiten. Zeitgleich tauchte das Thema Datenschutz auf. Da mich rechtliche Fragestellungen seit meiner Ausbildung im Notariat immer begleitet und interessiert hatten, begann ich, mich darauf zu spezialisieren, um anderen Menschen diese unbeliebte Datenschutz-Umsetzung abzunehmen. Rasch erhielt ich entsprechende Aufträge, und zusätzlich übernahm ich den technischen Support und die Administration für eine erfolgreiche Unternehmerin. Vor sich hin schlummernde Fähigkeiten aus meiner beruflichen Vergangenheit erwachten zu neuem Leben. Sie erdeten mich, ohne mich völlig zu binden. Und ich genoss diese neue Form von Leichtigkeit in meinem ganz und gar irdischen Business.

Während ich mich mit Websites, Technik und Gesetzen beschäftigte, tat sich unterdessen von mir gänzlich unbemerkt das dritte Fenster in die Ewigkeit auf. Meine Wahrnehmung begann sich auf einer sehr feinen Ebene zu verändern, was ich zum ersten Mal beim Staubsaugen bemerkte. Diese monotone Tätigkeit hatte mein Gehirn schon immer geliebt, es konnte dabei wunderbar ein Problem durchdenken, den Sinn oder Unsinn eines Textes analysieren, die Einkaufsliste zusammenstellen oder die Gedanken Purzelbäume schlagen lassen. Und auf einmal war da nur Stille in meinem Kopf. Keine Gedanken. Nichts. Das fühlte sich ungewohnt und sehr seltsam an. So hörte sich also echte Stille an (sie ist viel mehr als die bloße Abwesenheit von Geräuschen). Ich musste lauthals lachen. Da meditierte ich seit Jahren jeden Tag eine Stunde, bekam jeweils die Gedanken nicht zur Ruhe und dann, mitten im unschönsten Lärm, diese wundervolle Stille. Vermutlich war sie schon viel länger da, ohne dass ich sie bemerkt hatte.

Die Stille weitete sich auf verschiedene Ebenen aus. Auf einem Spaziergang im Wald wurde mir bewusst, dass keine Kommentare mehr in meinem Kopf herumschwirrten. Ich schaute einen Baum an, ohne zu denken, dass ich einen Baum anschaute. Ich war da, der Baum war da, aber irgendwie waren wir beide das Gleiche; die äußerlichen Grenzen meines Körpers und des Baumes schienen aufgehoben zu sein oder ineinanderzufließen. Atmete ich, atmete auch der Baum, ja der ganze Wald im selben Rhythmus mit.

Nach innen schienen sich die Grenzen ebenfalls auszudehnen, als zöge es mich in jede Körperzelle hinein, um darin wiederum die Unendlichkeit des Universums zu finden. Anstelle der Knochen, Muskeln und restlichen Ausstattung spürte ich eine allumfassende lautlose Schwingung, mein ganzer Körper schien mir aus reiner, unerschöpflicher Energie zu bestehen.

Meine Gefühlswelt gestaltete sich ebenfalls neu. Angst, Unsicherheit, Enttäuschung, Freude, Dankbarkeit oder Inspiration erlebte ich im Moment des Entstehens zwar intensiver, dennoch weicher, leichter und flüchtiger. Als Basis von allem, was ich bewusst wahrnehmen konnte, empfand ich eine reine und ungebundene Liebe, also keine exklusive, nur auf meine Lieblingsmenschen bezogene Liebe. Dieses Gefühl war und ist mit nichts vergleichbar, mit Ausnahme jener speziellen Ewigkeitsmomente in meiner Kindheit und Jugendzeit. Und doch muss es noch mehr sein, da es kein Ende nimmt. Sämtliche Emotionen, ob positiv oder negativ, steigen wie Wellen aus diesem Urgrund hervor, um sich anschließend darin aufzulösen. Was bleibt, ist die Empfindung ebendieser Liebe im Sinne einer stillen Lebendigkeit.

Auch der Bezug zu meinem Ich hat sich verändert. Ich nehme es nicht mehr abgetrennt von allem anderen wahr, sondern es ist durchlässig geworden. So kann ich gleichzeitig die Tiefe und Weite der Ewigkeit sehen oder besser gesagt spüren. Von dieser Warte aus ergibt auch das Abendritual in meiner Jugendzeit einen tieferen Sinn. Ich suchte damals nach dieser Urkraft, konnte aber nicht ahnen, dass

mir mein Ego im Weg stand. Meine Persönlichkeit entwickelte sich noch, wie hätte ich darauf kommen sollen,
diese bereits infrage zu stellen? Heute gehört das Ich-Gefühl für mich selbstverständlich zum Menschen dazu, und
je durchsichtiger es wird, umso mehr nehme ich die tiefere
und umfassende Ebene wahr.

Ich würde daher nicht wie in der gängigen Literatur
vom Ich-Tod sprechen. Mein Ego ist weiterhin da (zumindest solange ich Mensch auf dieser Welt bin), und ich
treffe täglich zig Entscheidungen aus diesem Ich-Gefühl
heraus.

Da sind sie wieder, die »zwei Welten«: Die menschliche
Ebene mit allem Drum und Dran basiert auf der Wahrnehmung, ein eigenständiges und unabhängig handelndes
Ich zu sein. Die rational nicht begreifbare Ebene ist der Urgrund von allem, was existiert. Ich nenne sie das Sein oder
das Seiende, vergleichbar mit dem Absoluten, Göttlichen,
dem Nichts, Brahman, der Essenz, der Lebenskraft, Leere,
Schwingung, Energie, dem Ewigen oder der reinen Liebe.
Früher empfand ich »Mensch« und »Sein« eher getrennt;
bei der Arbeit agierte ich auf der menschlichen Ebene, in
der Stille umhüllte mich das Absolute. Im Gegensatz dazu
empfinde ich beides nun als Einheit, als ein stetes Sein und
Werden.

Identifiziere ich mich voll und ganz als Mensch, oder
lasse ich eine Erweiterung zu, die auch die Wahrnehmung
des Seins ermöglicht? Es geht mir bei der Frage nicht

mehr darum, mich zwischen dem Menschsein oder dem »nur« Sein entscheiden zu müssen, sondern beides nebeneinander zuzulassen. Also Mensch-Sein. Das erlebe ich als eine große innere Freiheit, die zu einer neuen Realität führt. Nicht die Welt verändert sich, sondern meine Art und Weise, sie zu betrachten bzw. mich als ein Teil von ihr zu sehen.

Wenn ich im Zug sitze und die Landschaft an mir vorbeifliegt, spüre ich gleichzeitig die Nicht-Bewegung, weil im ewigen Sein keine Bewegung stattfindet. Im Lärm höre ich die Stille. Schaue ich einen Tisch an, scheint er kein von mir getrennter Gegenstand zu sein. Selbst Gebäude wirken nicht statisch und grau, sondern vielmehr durchlässig und leicht schillernd. Alles scheint aus Schwingung oder Energie zu bestehen, selbst die dichteste Materie. Begegne ich einem Menschen, sehe ich in ihm weniger eine andere Person als vielmehr einen weiteren Ausdruck, eine andere Form des ewigen Seins und daher nichts von mir Getrenntes. Mag sein, dass das wie ein psychedelischer Trip klingt, für mich ist es spürbare Realität (ich muss dafür noch nicht einmal irgendwelche Substanzen einwerfen). Dieses Erleben hat auch nur dann seine Gültigkeit, wenn ich das, was ist, aus dem Sein als das Sein betrachte. Ich betrachte nicht einmal. Aus dem Bewusstsein heraus, zuerst ewig und dann Mensch zu sein, *ist* es einfach so.

Das bringt interessante Konsequenzen mit sich. Ich verbinde Vergangenheit und Zukunft nicht mehr mit einem

Zeitgefühl. Erinnerungen tauchen nach wie vor auf, aber ich denke dabei nicht: »*Ich* habe das *damals* erlebt und fand das schlimm oder schön oder beängstigend.« Da ist einzig das Gewahrsein von dieser Erinnerung, völlig losgelöst von einem Ich, das dies zu einem bestimmten Zeitpunkt in der Vergangenheit erfahren hat. Dieser vergangene Zeitpunkt hat nichts mit meinem gegenwärtigen Moment zu tun, in dem ich vielleicht gerade eine Tasse Tee in den Händen halte. Soll ich mich an diesem duftenden und wärmenden Genuss erfreuen oder einem Bild nachhängen, das nichts mit dem Jetzt zu tun hat?

Das Ich gaukelt mir zudem vor, ich müsse mir dieses oder jenes Szenario in der Zukunft vorstellen und daher unbedingt bestimmte Dinge in die Wege leiten, um entweder ein Ergebnis herbeizuführen oder zu verhindern. Ist das schlau? Warum sollte ich diesen heiligen gegenwärtigen Augenblick inklusive Tee für eine nicht existierende Zukunft opfern? Wirklich handlungsfähig bin ich in der Gegenwart mit all ihren Möglichkeiten, die mir zur Verfügung stehen. Mein Ich plustert sich also mächtig auf, wenn es behauptet, ohne Vergangenheit und Zukunft nicht existieren zu können. Die Prämisse »Wer die Vergangenheit nicht kennt, kann die Gegenwart nicht verstehen und die Zukunft nicht gestalten« löst sich für mich auf, und meine Nackenhärchen dürfen sich dauerhaft entspannen. Unbewusst war ich dieser Erkenntnis wohl schon recht nah gekommen, da mich das Nichtwissen über meine Herkunft nie irritiert und die Frage nach dem Wohin nicht aus der Fassung gebracht hat. Beides ist schlichtweg nicht relevant, weil es nur das Jetzt gibt, und trotzdem ist immer alles da, was je war.

Aus der rein menschlichen Perspektive bleibt alles beim Alten, und sogar das Zitat über die Vergangenheit, Gegenwart und Zukunft ergibt hier Sinn. Ursache und Wirkung, Gut und Böse, leicht und schwer, alles, was ich in der Welt vorfinde, ist real. Als Mensch bin ich gefordert und verpflichtet, zu handeln, zu widersprechen, mich einzusetzen, zu unterstützen und über den Tellerrand hinauszusehen. Das Überwältigende liegt darin, beides in sich zu haben, immer schon und für immer. Ich habe die Wahl, mich ausschließlich als irdisch begrenzter Mensch oder zusätzlich als das ewige Sein zu erfahren. Und sogar diese Wahlmöglichkeit verliert an Bedeutung, je selbstverständlicher das Mensch-Sein wird. Entscheidungen oder Handlungen entstehen direkt aus dem Sein, nicht im Verstand und im damit verbundenen Ego. Zwar agiere ich als Mensch, doch im Grunde schaue und staune ich, wie sich das Sein durch mein Mensch-Sein ausdrückt und in mein Umfeld sowie in meine Arbeit hineinwirkt.

Meine früheren Widersprüchlichkeiten muss ich nicht mehr bewerten, da darf ein tiefer Friede sein, selbst wenn der Tod umgeht. Es ist ebenso möglich, mit Menschen verbunden zu sein, die nicht mehr leben, wie mit Menschen, die ich nicht kenne (wie meine leiblichen Eltern). Ja, Tod und Trennung finden auf der relativen Ebene statt, nicht auf der absoluten. Damit meine ich nicht lediglich den Glauben an eine unsterbliche Seele. Das Geheimnis der eigenen Unsterblichkeit in sich selbst bis in die letzte Zelle zu fühlen, ist eine ganz andere Erfahrung, nicht beschreibbar, sondern nur erlebbar.

Ich glaube, dass mein spiritueller k. o. erst diese wundersame innere Wandlung ermöglicht hat. Er hat meinen Geist von fixen Vorstellungen befreit, für das Wesentliche empfänglich gemacht und auf diese Weise das dritte Fenster in die Ewigkeit dauerhaft geöffnet.

Diese Veränderungen haben aus mir keinen anderen Menschen gemacht. Weder schwebe ich zehn Zentimeter über dem Boden, noch schimmert ein Heiligenschein über meinem Kopf. Auch meine Vorlieben und Abneigungen sind noch da. Ich mag's nach wie vor nicht, wenn das Wetter zu heiß ist (ab dreiundzwanzig Grad) oder wenn ich Schuhe einkaufen muss. Aber ich springe gerne auf dem Trampolin und mag den Geschmack dieser grünweißen Gummifröschchen. In mir regt sich bis heute kein Bedürfnis, an meinem Äußeren etwas zu verändern, mir einen anderen Namen zu geben, das TV-Programm auf »erleuchtet« zu trimmen oder dem gar ganz zu entsagen. Ich liebe das schauerliche Gruseln, wenn ich die Kultserie *Twin Peaks* aus den frühen neunziger Jahren angucke oder *Downton Abbey,* wenn's eher leicht und bekömmlich sein soll. Ich bin nicht netter geworden, kann also durchaus unempathisch und knurrig sein. Mein Immunsystem arbeitet nicht auf einer höheren Frequenz, auch ich kann krank werden. Mir geschehen weiterhin Missgeschicke, ich treffe falsche Entscheidungen und kann keine Lottozahlen voraussehen. Manchmal rege ich mich liebend gerne auf, um gleich darauf in einem Anflug von Heiterkeit zu merken, wie unsinnig das ist. Bewusstheit bedeutet, jederzeit zu erkennen, auf welchem Parkett ich gerade tanze. So gesehen ist alles wie sonst, nur fühlt es sich ganz anders an als vorher.

Die spirituellen Konzepte haben mich glauben lassen, irgendwohin zu müssen, etwas zu erreichen, zu wachsen, mich zu entwickeln, um endlich ans Ziel zu gelangen. Paradoxerweise hatte ich mich auf diese Weise von dem wegbewegt, was schon längst da war. Trotzdem möchte ich keine meiner Stationen missen. Denn offenbar brauchte mein Ego, egal ob das weltliche oder das spirituelle, genau diese Zeit und diesen Raum, um durchsichtig zu werden. Es war Teil meines Weges, mir die verschiedenen Konzepte und Vorstellungen von Spiritualität zuerst anzueignen, um sie anschließend loszulassen. Nur so konnte das Bewusstsein erwachen, dass das Göttliche, das Sein, durch mich wirkt und nicht ich als Mensch etwas bewirke. Und nur so verstand ich am Ende, dass es nie ums Suchen, sondern bloß ums Finden ging.

An diesem Punkt knüpfte ich erneut an meine spirituellen Wurzeln im Christentum an und konnte diese gleichzeitig noch einmal neu verstehen.

In Jesus ist die geheimnisvolle Gleichzeitigkeit von Menschsein und Göttlichkeit bereits vorhanden. Er trägt das Göttliche in sich, da er selbst aus dem Göttlichen erschaffen wurde. Jesus wollte das schon seinen Jüngern beibringen, indem er sagte, dass das Himmelreich Gottes in jedem von ihnen bzw. in jedem Menschen sei. Die Wundertaten vollbrachte nicht er als Mensch, sondern weil Gott diese durch ihn bewirkte. Jesus betonte immer wieder, dass der Ewige und er eins seien.

Von klein auf wurde mir beigebracht, möglichst gute Taten zu vollbringen. Aus einem spirituellen Geist heraus fällt das auch nicht besonders schwer. Aber das eigentliche Geheimnis wurde mir vorenthalten (oder ich hab's nicht kapiert): Wir alle sind dazu eingeladen, wie Jesus, vom Göttlichen erfüllt, ganz Mensch zu sein. Es geht also nicht darum, bloß *an* ihn zu glauben, sondern das Christusbewusstsein *in* uns zu finden.

Mit einem durchsichtigen Ego verschwindet das Gefühl, selbst etwas zu bewirken, das ewige Sein drückt sich direkt durch mein Menschsein aus. Es geht also nicht darum, für gute Taten Anerkennung oder einen angemessenen Karmaausgleich zu erwarten, sondern das Ich zurückzunehmen und die eigene Essenz durch das Werk wirken zu lassen. Auf diese Weise strahlt das Sein durch jede Form von Arbeit, Lebenssituation und Handlung hindurch und ist für andere direkt spürbar. So erlebe ich es jedenfalls heute, wenn ich Kundinnen und Kunden zeige, wie sie selbst ihre Website erstellen können, oder sie in Fragen zum Datenschutz berate.

Mit diesem neuen Bewusstsein hat sich auch die Prophezeiung für mich erfüllt, ohne dass ich Pfarrerin, Heilerin, spirituelle Beraterin oder Lehrerin sein muss. Das Sein drückt sich durch die Spiritualität im jeweils passenden Kontext aus. Im Gottesdienst fühlte ich mich direkt von Gott angesprochen, später spürte ich die Heilkraft im Handauflegen, die Energie verstorbener Menschen oder die wegweisende Kraft eines Gurus. In den verschiedenen Phasen seiner Entwicklung hat sich mein spirituelles Ego für eine Weile mit den jeweiligen Inhalten der Lehren identifiziert, bis es schließlich durch die Erfahrung des Seins durchsichtig wurde. Meine innere Stimme meldet sich auch heute noch, inzwischen mehr wie ein Gruß, wie eine Bestätigung unserer Verbindung, ohne jeglichen Druck, ohne Dringlichkeit, ohne Auftrag. Das, worum es geht, ist erkannt: Alles ist eins. Alles ist jetzt. Einfach Mensch-Sein genügt.

Die drei Fragen, die durch dieses Buch geführt haben, kann ich für mich nun kurz und knapp beantworten. Woher ich komme? Vom Himmel gefallen, aber sanft gelandet. Wohin ich gehe? Keine Ahnung. Ich werde es wissen, wenn der Tod zum Jetzt wird. Wer ich bin? Auf der menschlichen Ebene bleibe ich ein kleiner Mose, der sich seinen Aufgaben im Leben stellt, manchmal etwas murrt und zweifelt. Auf der Seinsebene tragen mich die

Angelina-Flügel in die innere Freiheit und ergänzen mein Ich-Gefühl mit ein bisschen Ewigkeit.

Ich lausche dem tapsenden Geräusch auf blechernem Grund. Die Silbermöwen nutzen mit Vorliebe die Dachkante als Start- und Landebahn. Mit einem kräftigen Flügelschlag stoßen sie sich ab und segeln erhaben nach unten Richtung Hafen. Vielleicht hat ein Boot angelegt, und der Geruch von frischem Fisch lockt die Seevögel.

Es liegt ein wenig Wehmut in der Luft. Heute ist der letzte Tag meines Aufenthalts in der Bucht von Oban. Die Eindrücke der vergangenen Wochen klingen nach. Zum ersten Mal mit dem Zug quer durchs Rannoch Moor, ausgedehnte Spaziergänge in der Umgebung, viel Zeit beim Lesen und in der Stille, manchmal musikalisch untermalt von der finnischen Symphonic-Metal-Band Nightwish (ja, man kann auch bei schrummenden Gitarren mit symphonischem Unterteppich meditieren).

Gestern war mein letzter Besuch auf Iona, jedenfalls für diese Reise. Dabei hatte ich das Glück, auf der mir schon sehr bekannten Route einige Überraschungen zu erleben. Zuerst mit einem tierliebenden Busfahrer, der bei jedem Rotwild und beinah jedem Hasen oder Moorhuhn anhielt, damit ich es beobachten konnte (ich war die Einzige im Bus). Dann fand ich auf Iona tatsächlich einen Strand, den ich bei den bisher gefühlten zehn Besuchen nie betreten hatte. Und obwohl es schon Mitte Oktober war, konnte ich meine Schuhe ausziehen

*und die erste Spur in den Sand setzen. Das vertraute Gefühl,
allein auf der Welt zu sein, breitete sich aus.*

*In der leicht melancholischen Stimmung schwingt ein
Abschied größeren Ausmaßes mit. Die mystische Umgebung
Schottlands war mir lange Zeit eine Brücke zwischen Himmel
und Erde, zwischen dem Spirituellen und dem Menschlichen,
zwischen Engeln und Schafen. Eine stille Begleiterin in unterschiedlichen Lebensphasen, inspirierend, tröstend, heilend.
Nun scheint diese Aufgabe erfüllt zu sein. Schottland mit seiner ganzen Ausstrahlung wird jederzeit in mir präsent sein,
auch wenn ich nicht dort bin. Daher ist Abschied wohl das
falsche Wort, vielmehr ist es ein Ankommen auf einer tiefen
und ewigen Ebene.*

*Wieder das vertraute Tapsen oben in der Dachrinne, die
nächste Möwe segelt mit weit gespannten Flügeln über die
Bucht. In meinem Innern fliege ich mit.*

AUSKLANG

Vielleicht spürst du am Ende dieses Buches eine Sehnsucht, dich als das Sein, als die pure Lebenskraft zu erfahren. Vertraue dir und folge deinem Impuls, bleib achtsam und lass dich nicht durch Illusionen täuschen. Du erinnerst dich, es gibt keine Garantie für die Erleuchtung, und sie lässt sich erst recht nicht erzwingen. Am besten, du befragst dich zuerst ganz offen, warum du dich überhaupt auf den spirituellen Weg machen willst. Was erhoffst du dir? Denkst du, du würdest glücklicher und zufriedener? Oder sehnst du dich nach Heilung, Versöhnung und Liebe? Trifft eines davon zu, dann sei vorbereitet: Es wird sich möglicherweise nicht viel an deiner Bedürftigkeit ändern. Du kannst nichts von dir wegzaubern, was dir nicht gefällt, und nur das Angenehme und Leichte behalten. Um zum Sein zu gelangen, musst du erst durch dein Menschsein hindurchtauchen, durch alles, was da ist, bis zur bedingungslosen Annahme deiner selbst. Wie könntest du das Sein erfahren, wenn du etwas in deinem Menschsein ablehnst? Es ist aus dem Sein entstanden. Sollten dich traumatische Erlebnisse in deiner Vergangenheit belasten oder leidest du an einer psychischen Erkrankung, bearbeite dies zuerst mit einer ausgebildeten Fachperson, bevor du dich auf den spirituellen Weg machst.

Ja, manchmal braucht es etwas Mut, in das Käsesoufflé-Ego zu stechen und das eigene Ich-Gefühl zu hinterfragen. Doch ohne diese volle Hingabe bleibt das Sein lediglich eine Vorstellung und ein Wunsch in deinem Kopf (und du willst das leckere Soufflé sicherlich nicht nur anschauen, ohne davon zu kosten). Zum Abschluss möchte ich dir daher einen Kompass für deine Reise mitgeben. Es ist eine Art Résumé, in dem ich kurz und kompakt meine Erkenntnisse über die Entwicklungsstufen des Egos beschreibe. Diese Orientierungshilfe kann dich spüren lassen, wo du stehst. Dort, wo dein Ich am meisten rebelliert, schau genauer hin, vielleicht liegt hier die Möglichkeit für eine Transformation?

DIE EINTRITTSKARTE

Kommst du auf die Welt, trägst du dein Ego bereits in dir. Zu Beginn, als Baby, ist es noch inaktiv, du fühlst dich verbunden mit allem. Du machst keinen Unterschied zwischen einem Tisch und deiner Mutter. Mit der Zeit lernst du, dass Formen Abgrenzungen sind, sich die Dinge unterscheiden und andere auf dich reagieren (damit hältst du vor allem deine Eltern auf Trab). Du nimmst dich nach ein paar Monaten als eigenständiges Wesen wahr.

Das Ego ist sozusagen die Eintrittskarte für die Weltbühne, auf der du die nächsten Jahrzehnte stehen wirst. Selbst wenn jemand behauptet, er oder sie sei vollkommen erleuchtet, das Ego ist trotzdem noch Bestandteil der vergänglichen menschlichen Form. Nur so kannst du diese Welt überhaupt erfahren und erleben.

DIE BÜHNE – DAS WELTLICHE EGO

Du hast eine bestimmte Rolle, die du auf der Weltbühne spielst. Diese Rolle ergibt sich aus deinen Genen, deinem Umfeld, deinen Talenten, deinen Schwächen, deinen Träumen. Du interagierst mit anderen Menschen, entdeckst die Welt, reagierst auf Veränderungen oder stößt selbst solche an, du wählst deinen Weg. Du bist der Zeit ausgeliefert, von der Vergangenheit geprägt, von der Zukunft gelockt. Du versuchst zu erreichen, was »man« erwartet: Beziehungen, Familie, Job, Freizeit etc. Oder du kreierst und erfindest deine eigene Welt so, wie sie dir gefällt, und entfaltest dich zu etwas ganz Neuem. Das ist wunderbar, dafür bist du da. All das könntest du ohne dein Ego, mit dem du dich inzwischen vollkommen identifizierst, nicht gestalten.

WELTLICHE ILLUSIONEN

Möglicherweise schleicht sich irgendwann ein Erleben ein, das dich zutiefst verunsichert. Wo du dich vorher aufgehoben fühltest, wirkt plötzlich alles fragil und vergänglich. Objektiv betrachtet, geht es dir blendend. Du hast und bist alles, was du dir wünschst, und trotzdem kriecht eine Angst von weit unten nach oben in dein Bewusstsein. Was ist, wenn du etwas verpasst haben solltest, irgendwo falsch abgebogen bist? Du hinterfragst dich, dein Leben und was du dir aufgebaut hast. Ist das wirklich alles? Was bleibt, wenn es plötzlich zusammenbricht? Hast du dich von einer Illusion täuschen lassen?

EINE NEUE ROLLE – DAS SPIRITUELLE EGO

Du bist nun offen, dich vom Außen ab- und dem Innern zuzuwenden. In der Spiritualität und der Esoterik suchst du nach Antworten, nach Erklärungen, deiner Bestimmung und dem Sinn im Leben. Du konsultierst dein Horoskop, kümmerst dich um verstrickte Karmafäden aus früheren Inkarnationen, reinigst die Chakren, beginnst zu meditieren und reist zu einem Guru nach Indien.

Dein Ego war mal eben kurz in der Garderobe, hat sich ein spirituelles Gewand übergeworfen und dabei ein angepasstes Drehbuch mit einer neuen Mission vorgefunden:

Du willst die Welt verbessern, dich jenseits von Konsum, Habgier und Macht verwirklichen. Dir geht es um die inneren Werte, um Liebe und Verbundenheit. Du verlässt die plätschernde Oberflächlichkeit und tauchst hinab in die Tiefe.

SPIRITUELLE ILLUSIONEN

Vielleicht spürst du diese altbekannte Erschütterung, diesmal eher in Form einer Müdigkeit, nahe an der Resignation. Warum sitzt nach der zehnten Familienaufstellung immer noch die Trauer in deinem Herzen? Was könntest du übersehen haben? Wie kommt's, dass du zwar im Auraseminar alles in bunten Farben siehst, dein Alltag dennoch grau bleibt? Wie oft musst du über Feuer laufen, dein Bewusstsein mit allen möglichen und unmöglichen Techniken erweitern, um endlich anzukommen?

Du erahnst eine weitere Illusion. Die meisten spirituellen Konzepte orientieren sich nach wie vor am Prinzip von Ursache und Wirkung und führen so das weltliche Denken nur in einer höheren Dimension fort. Weil du mal das oder das gemacht hast, leidest du jetzt. Oder andersherum, wenn du dich so oder so verhältst, findest du Erleuchtung. Du stellst dir wieder die Frage: Ist das alles? Ist das die Wahrheit?

DAS DURCHSICHTIGE EGO

Die fast existenzielle Gewissheit, dass alles viel einfacher sein muss, hilft dir dabei, auch die spirituellen Illusionen zu durchschauen. Hier kann es geschehen, dass dein Ego plötzlich oder nach und nach durchsichtig wird. Es stirbt nicht, es senkt sich bloß der Nebel, und du bekommst eine klare Sicht auf das, was du in Wahrheit bist. Du bist am Punkt der vollkommenen Stille, der puren Gegenwärtigkeit und Einheit, wo es nichts mehr zu tun, zu erreichen, aufzulösen oder abzuarbeiten gibt.

Die Identifikation mit deinen Gedanken und Gefühlen, deinem Körper, deinem Wollen, deinen Wünschen, deiner eigenen Geschichte fällt ab. Raum und Zeit heben sich auf. Du musst nirgends mehr hin, und du warst nie weg. Die Essenz von allem, die flirrende Schwingung des Seins, die reine Liebe, die Lebenskraft, aus der alles besteht, das bist du.

ENDE GUT, ALLES GUT

Die klare Sicht führt dich zu einer vielleicht etwas verwirrenden Erkenntnis: Einerseits stehst du immer noch auf der Bühne und spielst deine Rolle, gleichzeitig sitzt du im Publikum und schaust dir selbst zu. Das geht nur, wenn dein Ego durchsichtig ist und du die Sicht auf deine innere Weite hast. Du bist kein von der Unendlichkeit abgetrenntes Ich, mit dem du dich bisher identifiziert hast. Du bist Mensch und das Sein. Sterblich und unsterblich. Gleichzeitig.

Wenn du dir das im Kopf vorstellst, kommt es dir wahrscheinlich ein bisschen gruselig vor. Doch wenn du es erlebst, fragst du dich nicht mehr, warum etwas so ist, wie es ist, und ob das überhaupt geht. Es *ist* einfach. Zur Beruhigung: Einzig dein Ego wird durchsichtig, nicht du! Du bleibst ein Teil dieser Welt und beteiligst dich an ihrer Gestaltung. Nur eben anders, von innen heraus und dadurch nachhaltiger.

NEUE ALTE WEGE

Als Mensch machst du weiterhin, was dir wichtig ist. Du wehrst dich gegen Ungerechtigkeit, begleitest andere in ihrer Entwicklung, setzt dich für die Umwelt ein etc. Egal was du tust, dein Ego muss sich nicht mehr von der Anerkennung oder Ablehnung anderer nähren. Du durchschaust die psychologischen Mechanismen, die sich aus der fälschlich angenommenen Trennung ergeben. Dein Ich glaubt nicht mehr, selbst etwas zu bewirken. Du tust, was du tust, weil du bist, was du bist, nämlich das pure Leben, die Stille, das Sein, das sich durch dich als Mensch ausdrückt.

Deine gelebte Stille wirkt wie eine glatte Wasseroberfläche, in der sich andere Menschen spiegeln und vielleicht auch ihre eigene wahre Natur erkennen können. Kein Zehn-Punkte-Programm, keine noch so ausgeklügelte Methode vermag so viel zu bewirken und auszustrahlen wie ein ruhiger Geist als Teil der ewigen Quelle.

DER LETZTE VORHANG

Irgendwann fällt für uns alle der Vorhang. Die dualen Kulissen verblassen mehr und mehr. Spätestens hier erfährst du, wer oder was du in Wahrheit bist. Es spielt keine Rolle, ob du das vorher herausgefunden hast oder nicht, es wird nochmals ganz anders sein. Niemand, wirklich niemand kann beschreiben, wie sich das komplette Loslösen des Körpers für dich anfühlen wird.

Vorstellungen über das Jenseits, über Lichtgestalten oder eine neue Inkarnation mögen Hoffnung schenken und den Schrecken des Todes nehmen. Ein durchsichtiges Ego schaut und erfährt schon jetzt die Ewigkeit und ist voll und ganz mit der Gegenwärtigkeit verwoben. Der Wunsch nach einem Danach verschwindet. Denn jeder Moment, ob im Leben oder im Sterben, genügt sich selbst.

* * *

Die Spiritualität gibt uns nicht immer das, was wir uns wünschen oder vorstellen. Sie ist keine Abkürzung, keine Flucht, kein Therapieersatz und vor allem keine Zaubermaschine, die du mit möglichst vielen Karmapunkten zum Laufen bringst. Sie kann dir eine wunderbare Freundin sein, die dir eine neue Sicht auf dein Leben ermöglicht, dir Tiefe und Weite schenkt.

Was sie mir persönlich bedeutet, weißt du nun. Jetzt bist du an der Reihe, das für dich selbst herauszufinden (du erinnerst dich, die Antwort, ja sogar das Himmelreich liegt allein in dir ...).

Folge der Stille, in ihr trifft dein Menschsein auf die Ewigkeit.

Immer ist die wichtigste Stunde die gegenwärtige;
immer ist der wichtigste Mensch,
der dir gerade gegenübersteht;
immer ist die wichtigste Tat die Liebe.«
Meister Eckhart